Nos últimos anos, vimos uma enxurrada de bons livros sobre filosofia, cosmovisão cristã e teologia pública, a maioria deles compartilhando o pressuposto de que o conhecimento de Deus no Evangelho exige uma epistemologia cristã. Se o conhecimento de Deus e da alma constituem o coração de nossa vida cognitiva, isso tem de fazer alguma diferença importante para a nossa teoria do conhecimento! Mas é notável a carência de obras discutindo epistemologia de um ponto de vista especificamente teológico. Meu amigo Igor Miguel deu sua contribuição para preencher a lacuna, com este livro singular. Em *A escola do Messias*, somos brindados com uma profunda discussão sobre os fundamentos teológicos para uma epistemologia cristã, dialogando com grandes teólogos contemporâneos como Vanhoozer, Thomas Torrance e James Smith. O autor mostra a conexão do tema com diversos *loci* da teologia dogmática e com a mensagem da literatura sapiencial (sua especialidade). De modo feliz, amarra a sua reflexão a um eixo cristocêntrico, mostrando Jesus como o mestre de uma escola divina de vida e conhecimento. Até mesmo a doutrina da Igreja é contemplada, como lugar do aprendizado divino! Trata-se de uma obra essencial para todos os envolvidos com o diálogo entre fé e academia, com a atividade pedagógica em casa, na igreja e na missão. Ela complementa a dieta de todo estudante de teologia!

GUILHERME DE CARVALHO, *pastor, mestre em Ciência da Religião e presidente da Associação Brasileira de Cristãos na Ciência*

Em diálogo como uma rica tradição de reflexão teológica e filosófica, que vai de Agostinho a Alister McGrath, passando por Abraham Kuyper, Martin Buber, Herman Dooyeweerd, K. Vanhoozer, James K. Smith e N. T. Wright, Igor Miguel brinda a comunidade cristã brasileira com um verdadeiro banquete sapiencial. As ricas discussões e implicações da epistemologia, ramo filosófico geralmente envolto em alta abstração e linguagem inacessível e hermética, são trazidas ao chão da igreja local sem que, com isso, deixem de ser profundas e amplamente lastreadas. Igor Miguel é um exímio educador e sábio servo de Cristo, e esta obra certamente cooperará para que a igreja de Cristo não limite seu aprendizado aos horizontes da mera devoção, mas incorpore o Evangelho do Reino vivendo-o no grande teatro criado para a manifestação da glória do Deus Trino. Minha oração é para que esta obra chegue às mãos de educadores e formadores cristãos por todo o Brasil, pois certamente teremos, por meio de sua aplicação, cristãos mais sábios e plenos, o que redundará na maior glória de Deus e expressão fiel de seu Reino em nosso país.

RODOLFO AMORIM, *cofundador do L'Abri Brasil e coordenador do curso Arte & Espiritualidade*

Conhecimento é um assunto central para a fé cristã. O próprio Senhor Jesus Cristo se encarregou de tornar a questão nuclear quando declarou que a vida eterna consiste em conhecer a seu Pai, o único Deus verdadeiro, e a ele, o Filho, pelo Pai, enviado (João 17:3). Apesar disso, conhecer é uma atividade que boa parte dos cristãos brasileiros ainda realiza intuitivamente, sem perceber como ela deveria ser impactada pela fé que possuem. Essa é uma das razões pelas quais o texto do pastor e professor Igor Miguel chega em boa hora. Além de chamar a atenção para as singularidades de uma epistemologia cristã, ele explicita as principais relações existentes entre a ideia de conhecimento e outros temas fundamentais dessa tradição. Recebo com alegria esta publicação, e faço votos de que ela desperte muitos cristãos à necessidade de refletir sobre o conhecimento numa perspectiva cristã, e ajude outros a organizar as suas ideias epistemológicas à luz dessa mesma perspectiva.

FILIPE FONTES, *pastor e professor de Teologia Filosófica*

Ao contrário do que se imagina, os cristãos não desdenham do conhecimento ou da atividade intelectual; antes, eles os reorganizam e ressignificam a partir da revelação de Deus", afirma Igor Miguel neste livro, que nos convida a mergulhar no conhecimento que é muito mais que uma busca e, uma vez encontrado, revela-se como uma dádiva. Trata-se de uma obra profunda e, ao mesmo tempo acessível, com rigor intelectual e doçura literária, cujo texto convida o leitor a saborear as palavras enquanto tem sua alma enriquecida pela leitura. Recomendo com entusiasmo!

SANDRO BAGGIO, *teólogo e pastor da igreja Projeto 242*

Um genuíno empreendimento cristão em qualquer área do saber, necessariamente, precisa começar respondendo a perguntas sobre a viabilidade de seu conhecimento e, claro, sua relação com a fé cristã. A disciplina da epistemologia, comumente chamada de teoria do conhecimento, é o primeiro passo incontornável para que homens e mulheres consigam ser coerentes com a revelação bíblica na arquitetura do seu saber. É justamente por isso que celebramos muito a obra *A escola do Messias*, do brilhante Igor Miguel. São raros os livros que conseguem percorrer de maneira didática, sem serem superficiais, os principais tópicos de uma disciplina, como faz essa obra. Nela, Igor introduz importantes discussões sem manter-se superficial no tratamento, mas nos convida a dialogar com importantes teólogos, filósofos e biblista da contemporaneidade. Com certeza, um grande ganho para a literatura teológica brasileira. É um grande privilégio poder recomendar com entusiasmos esta obra!

PEDRO LUCAS DULCI, *doutor em Filosofia, teólogo, ministro presbiteriano e coordenador do Invisible College*

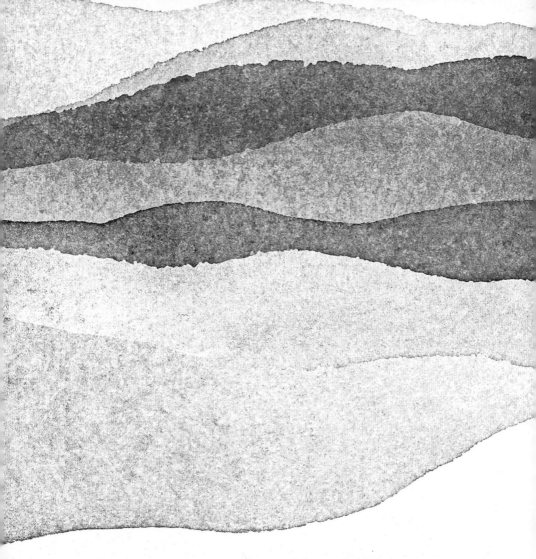

# A ESCOLA
# DO MESSIAS

✝

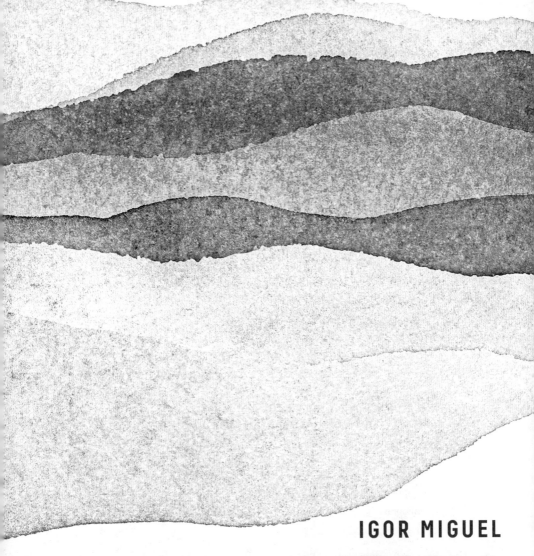

IGOR MIGUEL

# A ESCOLA DO MESSIAS

FUNDAMENTOS
BÍBLICO-CANÔNICOS
PARA A VIDA
INTELECTUAL CRISTÃ

Copyright © 2021 por Igor Miguel

Todos os direitos reservados por Vida Melhor Editora LTDA.

As citações bíblicas são da *Nova Versão Internacional* (NVI), da Biblica, Inc., a menos que seja especificada outra versão da Bíblia Sagrada.

Os pontos de vista desta obra são de responsabilidade de seus autores e colaboradores diretos, não refletindo necessariamente a posição da Thomas Nelson Brasil, da HarperCollins Christian Publishing ou de sua equipe editorial.

PUBLISHER *Samuel Coto*
EDITOR *André Lodos Tangerino*
COPIDESQUE *Bruno da Hora*
REVISÃO *Shirley Lima e Daila Fanny*
DIAGRAMAÇÃO *Aldair Dutra de Assis*
CAPA *Rafael Brum*

**DADOS INTERNACIONAIS DE CATALOGAÇÃO NA PUBLICAÇÃO (CIP)**
**(BENITEZ CATALOGAÇÃO ASS. EDITORIAL, MS, BRASIL)**

| | |
|---|---|
| M577e | Miguel, Igor |
| 1.ed. | A escola do Messias: fundamentos bíblico-canônicos para a vida intelectual cristã / Igor Miguel. — 1.ed. — Rio de Janeiro: Thomas Nelson Brasil, 2021. |
| | 208 p.; 15,5 x 23 cm. |
| | Bibliografia |
| | ISBN : 978-65-56891-92-7 |
| | 1. Cristianismo – ensino bíblico. 2. Jesus Cristo. 3. Moral cristã. 4. Vida espiritual. I. Título. |
| 03-2021/92 | CDD 248.4 |

**Índice para catálogo sistemático:**
1. Vida espiritual: Prática cristã    248.8

Aline Graziele Benitez — Bibliotecária — CRB-1/3129

Thomas Nelson Brasil é uma marca licenciada à Vida Melhor Editora LTDA.
Todos os direitos reservados à Vida Melhor Editora LTDA.
Rua da Quitanda, 86, sala 218 — Centro
Rio de Janeiro, RJ — CEP 20091-005
Tel.: (21) 3175-1030
www.thomasnelson.com.br

À minha esposa, Juliana, e a meus filhos, João e Teresa.

# SUMÁRIO

*Agradecimentos* 13

*Prefácio* 15

*Introdução* 21

**Seção 1. A revelação de Deus e o ato de conhecer** 29

Capítulo 1. Pulsão religiosa e conhecimento 31

Capítulo 2. Revelação e conhecimento 41

Capítulo 3. Revelação geral e especial 51

**Seção 2. Escrituras e conhecimento** 65

Capítulo 4. Teologia: Deus como autor do conhecimento 67

Capítulo 5. Cosmologia: criação como palco do conhecimento 81

Capítulo 6. Antropologia: o ser humano como ator do conhecimento 95

**Seção 3. Epistemologia sapiencial** 113

Capítulo 7. Sabedoria: epistemologia integral 115

Capítulo 8. Fontes de sabedoria 131

Capítulo 9. O discurso da sabedoria e a cognição 143

**Seção 4. A escola do Messias** 155

Capítulo 10. A Sabedoria Encarnada 157

Capítulo 11. O discipulado do Messias 169

Capítulo 12. Igreja e liturgia: sabedoria doxológica 183

*Considerações finais* 193

*Referências* 197

# AGRADECIMENTOS

Agradeço ao Deus Trino pelo dia que me regenerou, me fez seu filho em Jesus Cristo e me chamou para servi-lo no ofício do ensino e pregação da palavra evangélica. Agradeço pela jornada de aprendizagem, entre erros e acertos, sob o cuidado do Espírito da verdade, que se iniciou em 1997, quando fui ao seminário por causa de um chamado missionário, que depois de anos se tornou também um chamado pastoral.

Externo palavras de gratidão à minha incrível mãe, cujas orações foram providenciais ante os inúmeros livramentos e graças que recebi de Deus ao longo desses anos de serviço, aprendizagem e missão. Sou profundamente grato à minha amada esposa, Juliana Miguel, pela paciência, pelo encorajamento, pelas orações e por ser cooperadora comigo na obra do Senhor. Obrigado por levar flores ao meu escritório enquanto fazia fichamentos e escrevia *papers*.

Agradeço à Igreja Esperança, esta comunidade que amo profundamente, que me acolheu e me confiou a tarefa de cooperar com Cristo no cuidado, discipulado, ensino e pastoreio de seus congregantes. Enquanto escrevo, vejo o rosto de muitos que marcaram minha vida nesta doce assembleia de gente batizada na Trindade. Amo servi-los no Senhor.

Também agradeço aos mestres, professores, irmãos e amigos que me ensinaram tanto nesta jornada. Louvo a Deus pelo dia que tive contato pela primeira vez com a tradição neo-calvinista pelos textos, palestras e conversas que até hoje me maravilham, ministradas por Guilherme de Carvalho, Rodolfo Amorim, Leonardo Ramos, Marcel Camargo e Vanessa Belmonte. Obrigado por me acolherem em Jesus e terem devolvido ar puro aos pulmões da minha alma pelo que ensinaram. Vocês estão em vários trechos e momentos desse livro.

Não poderia deixar de agradecer a uma rede de amigos que me encorajaram, desafiaram e oraram por mim: equipe BiboTalk, todos os queridos "Amigos Numa Direção" e o Movimento Mosaico: Pijama, Pedro Dulci, Carlão, Bibo, Dani Coelho, Davi Lago, Daniel Vieira (do Lecionário), Diego Bittencourt, Gui Andrade, Gui Franco, Pipe, Ricardo, Rodrigo Freitas, Thiago Tomé, Daniel Guanaes, Guilherme Alves e Marcos Almeida. Agradeço aos Pastores Centrados no Evangelho de Belo Horizonte e aos amigos do Movimento Restore e Atos 29 Brasil. Definitivamente, o Reino de Deus é um reino de amigos!

Finalmente, agradeço a toda equipe da Associação Brasileira de Cristãos na Ciência e, como prometido, aos incríveis alunos da primeira turma do curso Fundamentos da Vida Intelectual da Academia ABC2 de 2020. Vocês me desafiaram a transformar aqueles *papers* em livro. Virou realidade e é culpa de vocês eu ter escrito meu primeiro livro autoral.

Soli Deo Gloria!

# PREFÁCIO

Uma "crise paradigmática". Na realidade, nos apontaria Francis Schaeffer,[1] que uma "crise de paradigmas",[2] no plural, haveria de caracterizar parte substancial do drama da vida moderna. Assim se daria sobre a vida de um ser humano batizado nas águas refratadas do desespero modernista, fruto do abandono do que é verossímil, objetivo e universal. Perante as fraturas de um projeto em inacabamento,[3] tem-se a abertura para o relativismo, o particularismo e o subjetivismo característicos de uma modernidade e de indivíduos que seguem, progressivamente, se liquefazendo[4] em direção ao que tem sido nomeado por alguns de "pós-modernidade"[5] ou "hipermodernidade".[6]

---

[1] SCHAEFFER, Francis A. *A morte da razão*. Viçosa: Ultimato, 2014; *O Deus que intervém*. 3. ed. São Paulo: Cultura Cristã, 2019; *O Deus que se revela*. 3. ed. São Paulo: Cultura Cristã, 2019.

[2] Sobre a relação entre Schaeffer e a crise de paradigmas, ver: ALBIERO, Vítor Augusto Andrade. *Francis Schaeffer e o enfrentamento da crise de paradigmas*. Dissertação (Mestrado em Ciências da Religião), Universidade Presbiteriana Mackenzie, São Paulo, 2011.

[3] Para a leitura crítica de um projeto de modernidade, ver: HABERMAS, Jürgen. *A Modernidade*: Um projecto inacabado. 2. ed. Lisboa: Nova Vega, 2017.

[4] BAUMAN, Zygmunt. *Modernidade líquida.* Rio de Janeiro: Zahar, 2001.

[5] BAUMAN, Zygmunt. *O mal-estar da pós-modernidade*. Rio de Janeiro: Zahar, 1998; *Ética pós-moderna*. São Paulo: Paulus, 1997; GRENZ, Stanley. *Pós-modernismo*: um guia para entender a filosofia do nosso tempo. 2. ed. São Paulo: Vida Nova, 2008; HARVEY, David. *Condição pós-moderna*: uma pesquisa sobre as origens da mudança cultura. 25. ed. São Paulo: Loyola, 1992; LYOTARD, Jean-François. *A condição pós-moderna*. 17. ed. Rio de Janeiro: José Olympio, 2018.

[6] CULKIN, Brian Francis; EBERT, John David. *Hypermodernity and The End of The World*. Produção independente, 2019; GOTTSCHALK, Simon. *The Terminal Self*: Everyday Life

Será perante o mar revolto de águas turbulentas e caóticas dessa sociedade contemporânea que o "apologista cultural"[7] Francis Schaeffer lançará seu diagnóstico. O que se pôde averiguar apontou para o fato de que, no âmago dessa crise paradigmática, seria igualmente plausível a identificação de um dilema epistemológico, este traduzido na irracionalidade e no colapso do saber, tendo incidência sobre o próprio campo dedicado ao conhecimento e suas formas.[8] De modo correspondente, identificou-se o acirramento de uma disposição favorável a um tipo peculiar de ceticismo que desabonou — e assim segue fazendo — tanto o conhecer da fé como o saber da razão, sendo incitado pela desesperança e pelo convencimento quanto à impossibilidade de se admitir uma existência carregada de direção, sentido e propósito, isso intensificado pela derrocada da ideação racionalista e cientificista modernas.

Tal posicionamento demandou o cruzar daquilo que Schaeffer intitulou de "a linha do desespero",[9] cujos efeitos se entranharam na vida e na sociedade. Em termos praxiológicos, este transpassar de limites afetou a identidade e os saberes humanos, incidindo sobre as instâncias e as esferas que ordenam e coordenam a própria existência. Movimento este que promoveu um tipo de transbordamento atingindo as artes, a ciência, a filosofia, a teologia, a cultura, a moralidade, a economia, a política, a família, dentre outros, além das instituições e os organismos associados a cada um destes.

---

in Hypermodern Times. New York: Routledge, 2018; LIPOVETSKY, Gilles; CHARLES, Sébastien. *Os tempos hipermodernos*. São Paulo: Barcarolla, 2004.

[7] CRAMPTON, W. Gary. *Francis Schaeffer*: sua vida e teologia. Brasília: Monergismo, 2020.

[8] Para um estudo propedêutico quanto aos estudos filosóficos sobre a Teoria do conhecimento, também compreendida como Epistemologia, ver: DUTRA, Luiz Henrique de Araújo. *Introdução à epistemologia*. São Paulo: UNESP, 2010; FURMERTON, Richard. *Epistemologia*. Petrópolis: Vozes, 2014; ZILLES, Urbano. *Teoria do Conhecimento e Teoria da Ciência*. São Paulo: Paulus, 2005.

[9] SCHAEFFER, 2002, p. 21-32.

## PREFÁCIO

Todavia, Schaeffer tanto identifica o impasse como indica para este uma saída. Seu esforço propôs um caminho pavimentado no cristianismo bíblico e na pujante tradição reformada a ele associada, possibilitando-o erigir uma abordagem estruturada sobre as bases da fé, da razão, da racionalidade e da revelação. No uso de uma metafísica arraigada no Deus Trino, de uma moralidade que denuncia a corruptibilidade, queda e culpabilidade moral humanas, e de uma epistemologia que, ao honrar a sapiência escriturística, abole a tensão natureza-graça[10] e as integram, provoca um conhecer, um saber, uma episteme dotada de coerência, lógica e verossimilidade. Assim é de maneira a firmar um pensamento que, em relação ao ceticismo, aos reducionismos e às dicotomias inerentes a este modernismo liquefeito, faz frente em termos antitéticos.

A solução schaefferiana abarca em si as fortunas de uma tradição que, desde sua forma preliminar até aquela mais derradeira, tem sido pródiga em legar uma estrutura de pensamento capaz de oferecer um ferramental teórico robusto, o qual viabilizou o que Van Til, então professor de Schaeffer em tempos de seminário, intitulara de "epistemologia reformada".[11] Um legado que, além de enriquecido pela proposta schaefferiana, também abrange uma escola cada vez mais expressiva de pensamento, com características próprias e de vertente neerlandesa, alcunhada de "neocalvinismo" do qual o próprio Schaeffer foi legatário.

Tendo na pessoa do pastor, teólogo, cientista e estadista Abraham Kuyper um de seus principais representantes, em associação com aqueles herdeiros desse pensamento, o "neocalvinismo" adquiriu substância e

---

[10] Sobre o trato para com as forças motrizes religiosas e profundas no desenvolvimento cultural e espiritual do ocidente, estabelecido sobre os motivos religiosos básicos, dentre os quais temos o dualismo natureza-graça, ver: DOOYEWEERD, Herman. *No crepúsculo do pensamento ocidental*: Estudo sobre a pretensa autonomia do pensamento filosófico. Brasília: Monergismo, 2018; *Raízes da cultura ocidental*: Opções pagã, secular e cristã. São Paulo: Cultura Cristã, 2015.

[11] VAN TIL, Cornelius. *Epistemologia reformada*. Vol. 1. Natal: Nadere Reformatie, 2020.

contornos[12] de forma a consolidar-se como uma tradição[13] de pensamento. Nela, o cristianismo passa a ser admitido como uma "cosmovisão"[14] abrangente, possuindo desdobramentos e impactos sobre todas as esferas da vida humana, assim como nos diversos campos do saber. Oportuniza um movimento de diálogo e antítese entre a fé cristã e o amplo espectro da cultura contemporânea mediante uma teologia pública,[15] que firmada nos distintivos e nos imperativos confessionais reformados associados à ampla tradição cristã em sua historicidade, *catolicidade* e veracidade que lhes são próprias, parte para a "praça pública" buscando honrar ao Senhor da Igreja. Em seu *modus vivendi*, está cônscia de que a vida que vive é *coram Deo*; em seu *modus operandi* sabe que o que faz e realiza, assim o é *pro Rege*.

A obra que temos em mãos, dileto leitor, é herdeira deste amplo arcabouço teológico e epistemológico cristão que aqui descrevemos, seguindo a esteira de raras e preciosas obras que se propõem a oferecer um caminho em meio ao espinhoso impasse das epistemes, identificado

---

[12] Para uma exposição dos principais elementos da filosofia e do pensamento reformacional, herdeiros do neocalvinismo, ver: KALSBEEK, L. *Contornos da filosofia cristã*: A melhor e mais sucinta introdução à filosofia reformada de Herman Dooyeweerd. São Paulo: Cultura Cristã, 2016.

[13] BARTHOLOMEW, Craig G. *Contours of the Kuyperian Tradition*: A Systematic Introduction. Downers Grove: InterVarsity Press, 2017.

[14] Para uma leitura do calvinismo, e da tradição reformada a ele associada, enquanto uma cosmovisão, ver: CAMPOS Jr., Heber Carlos de. *Amando a Deus no mundo*: Por uma cosmovisão reformada. São José dos Campos: Fiel, 2019; KUYPER, Abraham. *Calvinismo*. São Paulo: Cultura Cristã, 2014; COSTA, Hermisten Maia Pereira da. *Introdução à cosmovisão reformada*: um desafio a se viver responsavelmente a fé professada. Goiânia: Cruz, 2017.

[15] Para uma teologia pública de base kuyperiana, ver: BACOTE, Vincent E. *The Spirit in Public Theology*: Appropriating the Legacy of Abraham Kuyper. Eugene: Wipf and Stock, 2005; MARQUES, Tiago Rossi. *"Abraham Kuyper Entre as Nações"*: *diálogo e antítese entre o Realismo Cristão e o Neo-calvinismo holandês nos Estudos Internacionais*. Dissertação. (Mestrado em Relações Internacionais). Pontifícia Universidade Católica de Minas Gerais, Poços de Caldas, 2019; MOREIRA, Thiago. *Abraham Kuyper e as bases para uma teologia pública*. Brasília: Monergismo, 2020; WAGENMAN, Michael R. *Engaging the World with Abraham Kuyper*: Lived Theology. Bellingham: Lexham, 2019.

## PREFÁCIO

e denunciado pela perspicácia schaefferiana. O pastor, teólogo, pedagogo, mestre em letras e hebraico Igor Miguel, enquanto depositário fiel do legado cristão para o exercício intelectivo, nos oferta com candura, piedade e intencionalidade, "os contornos e as referências teológicas de uma atividade intelectual que [é] explicitamente cristã e evangélica". Um tipo de atividade que segue unida a uma confessionalidade comum ao grande mosaico da catedral da fé e dos saberes cristãos. Destarte, é igualmente inequívoco ao assumir o marco da tradição protestante e evangélica em toda sua "apreciação canônica", estando arraigado no senhorio e na "centralidade de Cristo e no modo como o Deus Trino escolheu revelar-se à humanidade". Assim faz convidando-nos, cristãos e não cristãos, a apreciarmos "com modéstia, mas não desprovido de perguntas honestas, a singularidade com que lida com a própria natureza do conhecimento e a forma como esse conhecimento é [...] recebido".

Ainda nos importa dizer que, a partir da reflexão proposta na obra, nota-se que tal "epistemologia cristã", atrelada ao impulso religioso e à autorrevelação de Deus, perfilada nos movimentos e no trânsito da graça, deve imputar sobre aquele que a Deus e de Deus conhece um imperativo doxológico muito próprio: um conhecer que deve se distender em adoração e serviço. Um conhecer que intenciona honrar ao Senhor e Cristo mediante a interface entre os saberes teológicos e a pluralidade de campos do conhecimento, portando consigo a sabedoria cristã recebida por graça, por iluminação e por boa tradição da Igreja.

Para o autor, esta episteme cristã deve também estar interligada ao corpo de Cristo, sendo a Igreja uma "escola de sabedoria", uma "comunidade epistêmica", verdadeira "incubadora de virtudes" capaz de formar e modelar as pessoas, suas mentes, seus desejos, suas paixões e suas ações. No fluxo da história, a Igreja e os santos de Deus conservam e propagam este bendito "depósito de fé", conclamando as gerações seguintes a lidarem com o conhecimento em um espírito comunitário. Fazem, desse modo, a devida chamada para que venhamos a nos valer dos dons e dádivas do Santo Espírito, demonstrados em atos e no esforço reflexivo de ambos, magistério e laicado cristãos, tendo em vista a vocação intelectual e uma prática de vida orientada para a sabedoria.

Em *A escola do Messias*, Igor Miguel entrega-nos, com excelência e virtuose, uma estrutura argumentativa encorpada no trato para com o empasse epistemológico aqui mencionado, mantendo clareza, beleza e coerência na medida que desenvolve seu texto com responsabilidade, habilidade e paixão. Sua proposta segue uma organização sistematizada em quatro seções, subdivididas em doze capítulos, tendo como fio condutor a temática do conhecimento para um viver sábio, perpassando as seguintes matérias (e seus desdobramentos): (1) A revelação de Deus e o ato de conhecer; (2) Escrituras e conhecimento, (3) Epistemologia sapiencial e (4) A escola do Messias.

Louvamos ao sempiterno Deus e rogamos ao Senhor para que estas páginas, escritas com graça e sabedoria, venham a ser boa semente lançada no solo fértil de mentes e corações que, como o reverendíssimo Igor Miguel, pensam, obram e vivem para a maior glória daquele que "é poder de Deus e sabedoria de Deus", Cristo Jesus.

TIAGO ROSSI MARQUES*
JANEIRO DE 2021

*Bacharel em Relações Internacionais; mestre em Relações Internacionais; doutorando em Relações Internacionais; bacharel em Teologia; pós-graduado (especialista) em Estudos Teológicos.; professor adjunto e integrante do conselho administrativo do Seminário Martin Bucer Brasil; vice-presidente e pastor adjunto da Igreja Batista Novo Riacho na região metropolitana de Belo Horizonte. Casado com Nathana Rossi.

# INTRODUÇÃO

Seres humanos são exploradores natos. Já no útero, os chutes, as reações e os movimentos involuntários, além de levarem os pais a certo encantamento, são fontes de conhecimento e de experiência para o bebê. O ser humano vem ao mundo exterior justamente quando o mundo interior não mais o comporta. Quase por milagre, aquele pequeno habitat o lança em um mundo maior, mais amplo — mundo que lhe demandará alguns anos, até que ele tome alguma consciência do que o cerca.

Com o nascimento, há uma explosão de sensações, sons, luzes, movimentos, texturas, sabores e cheiros. Esse universo de estímulos oferece uma quantidade enorme de dados brutos, fragmentados e ainda não organizados. Logo o bebê começa a perceber que determinadas ações produzem certas reações em um mundo que ainda lhe parece ser mera extensão de si mesmo. Um ruído estridente (choro) pode produzir alimento. Uma voz e um movimento o acalmam, de modo que a criança começa a perceber a presença materna não ainda como uma entidade, mas como efeito de determinadas ações derivadas de certos reflexos instintivos.

No jogo operacional de ação e reação, a criança se percebe com algum controle sobre si mesma e sobre os objetos a seu redor. Há movimentos e sons que se apresentam, e ela reage a tudo isso fazendo certos gestos, pequenos deslocamentos e movimentos faciais que parecem riso para os pais, que, por sua vez, também reagem escandalosamente ao que parecem ser os primeiros sinais de um ser que interage e se socializa.

Não demora e a criança procura reproduzir os sons do ambiente à sua volta, testa as possibilidades de sua voz, segura, pressiona, empurra e lança objetos. Sua estrutura cognitiva vai-se tornando cada vez mais sofisticada, elaborada, principalmente com o desenvolvimento perceptivo e a capacidade de estabelecer comparações. E logo ela descobre que alguns sons, quando ditos, são muito eficientes, principalmente quando pede água, leite ou chama a mamãe.

Dessa fase ainda inicial do desenvolvimento infantil, o mundo que a acolheu parece expandir-se. Quanto mais a criança explora, mais dados vão chegando, e mais ela vai se mostrando capaz de elaborar quadros complexos, organizados, e de tomar consciência da realidade à sua volta. Um comportamento crescentemente exploratório, movido por sentidos, necessidades, desejos, afeições, interações sociais, movimentos, linguagem e ação. Com o tempo, a criança vai se tornando menos instintiva e consciente, e mais social e cultural. Não sem custo, ela descobre que existe um mundo que a cerca, que existem outras pessoas, que a realidade não é uma mera extensão de si. Agora, portanto, há uma ruptura entre o "eu" e os "outros". E uma ruptura entre sujeito e objeto é sempre dramática, traumática e lenta. Logo o indivíduo se dá conta de que tem mais dúvidas do que certezas. Depara com a imensidão do desconhecido e com os sacolejos da imprevisibilidade. Percebe-se vulnerável e desorientado. Lançado em mares duvidosos, ora calmos, ora tempestuosos, ele procura agarrar-se como se fosse naquele primitivo senso da vida pré-natal. Uma falta, uma ausência radical o atormenta. Parece que o grande mundo encolheu, parecendo-lhe, novamente, um útero apertado. E ele pergunta aos berros, mas, dessa vez, o mundo não lhe responde; só há silêncio.

Então, ele percebe que foi machucado, mas que também machucou. Foi ofendido, mas também ofendeu. Teve sua consciência tantas vezes escandalizada que perdeu a sensibilidade e a inocência de outrora; agora, só lhe restam uma grande ferida e, claro, uma bagagem pesada de

## INTRODUÇÃO 23

memórias difíceis de carregar. Ele se entrega à dormência religiosa, ao entorpecimento sintético, a uma aventura amorosa, a um projeto de vida... Em suma, ele procura conhecer para se redimir. O mercado de evangelizadores, vendedores de salvação e testemunhas de paraísos artificiais é muito variado. Eles batem à porta, brilham em um vídeo, oferecem cursos, surgem em forma de narrativas, celebridades, utopias, ideologias e explicações — e tudo isso sob uma trilha sonora que emociona.

Em um círculo vicioso, ele conhece, é informado; ele desconhece, é desinformado. O volume de dados só torna o processo ainda mais vertiginoso, e ele continua perplexo, fechado em si mesmo nesse labirinto asfixiante. Eventualmente, alguém lhe dá um tapinha no ombro, envia uma frase de reconhecimento, um diploma ou um sinal de aprovação. Se inocentado no tribunal alheio, celebra, ilude-se com a sensação de poder, mas basta a dura sentença de outra pessoa ou da própria realidade para que seu mundo volte a se desarranjar.

Os ciclos de incertezas exigem uma ilusão de controle. E controle exige conhecimento. Conhecer as variáveis para controlá-las e antecipá-las. Conhecimento da natureza, do comportamento, dos desejos, do organismo e dos fenômenos. Um algoritmo, uma fórmula ou uma engrenagem talvez sejam suficientes para tudo voltar ao caminho certo.

Em meio às tentativas para a construção de um mundo previsível, de um projeto civilizatório, de um útero de plástico, fez-se uma cidade com uma torre. Qual era o intento do engenho? Chegar ao sagrado, tocar o poder, ser agraciado com a admiração dos deuses. A torre caiu, e os homens se polarizaram e se dividiram em relação a línguas, ideologias, utopias e projetos de felicidade. Eles criaram mitos e epopeias; queriam o conhecimento dos deuses como recompensa, porém, mais uma vez, foram lançados em completa ignorância.

Entre os séculos 4 e 5 d.C., Agostinho, um jovem africano, viu-se nessa mesma jornada que, hoje, é a de muitos. Na verdade, mais tarde, viu-se raptado e conduzido em uma saga. Não era ele que encontraria; ele seria encontrado. O conhecimento não viria como resultado do empenho intelectual em antigas bibliotecas; surgiria como um evento, uma aparição, um chamado. A própria natureza do que significa conhecer seria alterada. A famosa máxima agostiniana, em tom conclusivo, é emblemática: "Inquieto está nosso coração enquanto não descansar em ti".

O jovem berbere era filho de pai pagão e mãe cristã, e, tirando proveito das vantagens da cidadania romana de sua família, procurou, na vida social urbana e na atividade intelectual, um meio de ascender socialmente. A torre que ele queria construir seria feita com os tijolos da filosofia, do platonismo, do maniqueísmo e da arte retórica. E quanto mais Agostinho se entretinha com o conhecimento dos homens, mais se via instrumentalizando esse conhecimento para se afirmar, dando-se conta de que não era honesto consigo, com suas questões reais. Ele sabia que aquele era um jogo que não forneceria uma resposta real aos problemas na raiz de sua existência.

Um dia, tomado pela própria verdade, o conhecimento surgiu para ele, e os raios da luz do discernimento penetraram em meio à névoa de suas especulações. Tudo, então, ficou nítido, a realidade assumiu sua forma verdadeira e, em um tom de profundo encontro com a beleza, Agostinho confessou:

> Tarde te amei, ó beleza tão antiga e tão nova! Tarde demais eu te amei! Eis que habitavas dentro de mim e eu te procurava do lado de fora! Eu, disforme, lançava-me sobre as belas formas das criaturas, que não existiriam se em ti não existissem. Tu me chamaste, e teu grito rompeu a minha surdez. Fulguraste e brilhaste, e tua luz afugentou a minha cegueira. Espargiste tua fragrância e, respirando-a, suspirei por ti. Eu te saboreei, e agora tenho fome e sede de ti. Tu me tocaste, e agora estou ardendo no desejo de tua paz.[1]

---

[1] AGOSTINHO. *Confissões*. São Paulo: Paulus, 2011, p. 299.

## INTRODUÇÃO 25

A grande descoberta de Agostinho se deu no encontro com Aquele que é sua origem. Nesse encontro, algo lhe foi dado. O conhecimento surgiu para ele em seus próprios termos: não mais como controle e poder, mas como uma dádiva que procede de um encontro de fé. O próprio ato de conhecer vem como efeito e não como causa. Trata-se de uma completa inversão da maneira pagã de explorar o sagrado, sintetizada por Anselmo de Cantuária (séc. 11 d.C.), um herdeiro do pensamento agostiniano, da seguinte forma: "Creio e por isso conheço; não conheço para crer".

A obra que você tem em mãos é uma proposta despretensiosa, mas intencional, de oferecer os contornos e as referências teológicas de uma atividade intelectual explicitamente cristã e evangélica. Cristã, porque busca retomar a fé confessada por todos os cristãos, além de algumas verdades essenciais dentro da cristandade. Portanto, muitos cristãos, incluindo os que estão fora da tradição protestante evangélica, poderão tirar algum proveito desta leitura. Por outro lado, este livro é explícito em assumir alguma ênfase e fazer referência a importantes pensadores da tradição protestante. As marcas de certa evangelicalidade são ainda mais destacadas em sua apreciação canônica, ou seja, na elevada estima atribuída aos *insights* trazidos do próprio texto bíblico, bem como na centralidade de Cristo e no modo como o Deus Trino escolheu revelar-se à humanidade.

A proposta consiste em convidar todo cristão ou não cristão a apreciar com modéstia, mas não desprovido de perguntas honestas, a singularidade com que lida com a própria natureza do conhecimento e a forma como esse conhecimento é obtido, ou melhor, recebido. Ao contrário do que se imagina, os cristãos não desdenham do conhecimento ou da atividade intelectual; antes, eles os reorganizam e ressignificam a partir da revelação de Deus. Assim, ao afirmar a fé como um tipo de virtude que precede o ato de conhecer, o cristão não está desprezando o conhecimento; ao contrário, está lhe oferecendo um lugar melhor.

Esta é uma obra que, de alguma forma, provoca o leitor a perceber que o cristão conta com uma epistemologia, ou seja, com um modo de conhecer que respeita uma gramática — uma gramática que opera segundo determinadas regras e um contexto comunitário e tradicional. Sei que algumas suspeitas serão inevitáveis. Afinal, como filhos da pós-modernidade, a desconfiança em relação a tudo que é tradicional e histórico revela-se quase automática. Entretanto, convido o leitor a considerar que alguma tradição se faz inevitável. Não uma racionalidade que se põe acima da história, descontextualizada, sem raiz em algum lugar ou em algum tempo. Portanto, o que abordo neste livro são os *contornos teológicos de uma epistemologia cristã explícita*. E por ser uma epistemologia cristã, parte de noções como a pulsão religiosa inata do ser humano e a autorrevelação de Deus. Isso porque, para o cristão, o conhecimento é, antes de tudo, obtido no contexto do que Deus dá a conhecer. Há uma profunda relação entre conhecimento e graça. Tal conhecimento é entregue a criaturas que veneram e amam, ou seja, criaturas que adoram. Nesse sentido, uma teoria do conhecimento cristão é sempre doxológica, inspirando-se no maravilhamento e no amor a Deus como bem supremo e em serviço ao próximo.

O conhecimento do mundo, das relações e da cultura deve passar pelo conhecimento do próprio Deus e ser continuamente iluminado por ele. Por isso, os cristãos prezam por toda sabedoria e por toda lucidez obtidas com a leitura das Escrituras Sagradas, principalmente a forma como Deus, a realidade e o ser humano são apresentados. É claro que alcançar tal conhecimento não exige apenas acesso direto às Escrituras, mas também uma operação graciosa do Espírito Santo, que regenera o coração que se une a Jesus Cristo, como o *logos* divino que encarnou. Essa união espiritual com Cristo também é uma união com todo o Corpo de Cristo, ou seja, com a Igreja.

Para o cristão, a Igreja é uma escola de sabedoria, uma "comunidade epistêmica", um contexto comunitário e social no qual as pessoas estão

## INTRODUÇÃO

27

física e espiritualmente unidas em torno da celebração e do contínuo conhecimento de Deus em Cristo. O conhecimento entregue é formado na mente, nas afeições e ações, por meio de práticas litúrgicas e pedagógicas que só fazem sentido no contexto de uma comunidade como a igreja local.

O conhecimento que Deus dá de si mesmo também vem sendo depositado ao longo da história do cristianismo, que é um tipo de *depositum fidei*, um depósito da fé. Na tradição cristã, em suas diversas expressões e confissões, encontram-se os registros dos grandes mestres, teólogos e filósofos que se debruçaram sobre as Escrituras e sobre os problemas de seus tempos, de modo que se empenhavam em responder a essas questões sem perder a lealdade com aquilo que foi revelado de Deus. Os evangélicos devem evitar certo desdenho hiperprotestante que resiste à noção de que as Escrituras devem ser lidas também com toda a igreja, em todos os tempos. É evidente que credos, confissões, catecismos, comentários bíblicos e teologias sistemáticas não são infalíveis. Todavia, seria uma atitude imprudente subestimar o que já foi produzido em quase dois mil anos por irmãos e irmãs que se debruçaram sobre as Escrituras Sagradas.

Finalmente, esta obra tenta oferecer alguma contribuição teológica na busca por um conceito que contribua para a superação entre o que se crê e o que se faz — a antiga e famigerada dicotomia entre teoria e prática. Uma teoria do conhecimento que se julgue cristã deve ser orientada a uma vida sábia. Os cristãos estão mais interessados em sabedoria do que no conhecimento em si. Mas o conhecimento também é importante, na medida em que fornece os meios, as razões e a motivação. Nesse sentido, o conhecimento afeta profundamente o modo de ser e de se colocar no mundo como filhos e filhas de Deus. A Bíblia tem um termo para descrever isso: *sabedoria*.

O gênero humano deseja ter em grande estima a ciência das coisas da terra e as do céu. Levam, entretanto, grande vantagem aqueles que preferem o conhecimento de si mesmos ao dessas ciências. É mais digna de louvor a alma que tem consciência de sua debilidade do que aquela que, não a tendo, esquadrinha o curso dos astros, no afã de novos conhecimentos; e, mesmo no caso de os conhecer, ignora qual o caminho da salvação e da verdadeira segurança. Aquele, porém, que inflamado pelo calor do Espírito Santo, já despertou para Deus e reconheceu no amor divino sua própria vileza, desejando encontrar o caminho para ele, e não podendo, reflete sobre si mesmo sob as divinas luzes, encontra-se a si mesmo e percebe que a própria debilidade não pode ser comparada à pureza de Deus.[2]

---

[2] AGOSTINHO. *A Trindade*. São Paulo: Paulus, 2008, p. 146.

# SEÇÃO 1

## A REVELAÇÃO DE DEUS E O ATO DE CONHECER

CAPÍTULO 1

# PULSÃO RELIGIOSA E CONHECIMENTO

Muitos cristãos ainda vivem uma espécie de tensão quando consideram sua espiritualidade em relação à sua vida intelectual e cultural. Embora inúmeras obras em português abordem o problema da separação entre mente e coração, teoria e prática, transcendência e imanência, poucas lidam com o tema do conhecimento a partir de um lugar que é muito diferente daquele abordado pelo racionalismo.

O racionalismo é um tipo de devoção idólatra à razão, certa credulidade religiosa na capacidade de a mente chegar ao conhecimento verdadeiro. O racionalismo, na condição de revolução cultural, tem suas raízes no Renascimento, mas atinge o ápice entre os séculos 17 e 18. O racionalismo desloca o eixo da crença popular em Deus — como origem e sustentador da realidade —, substituindo-a pela crença dogmática na autonomia da razão.

O receio de alguns cristãos pietistas de que a atividade intelectual possa representar uma contradição à vida no Espírito não é de todo infundado. Muita gente piedosa, de espírito fervoroso e cheia de graça, acabou se perdendo por um caminho de aridez espiritual ao orientar a própria vida pelas sendas do racionalismo e do ceticismo. Em casos mais recentes, muitos naufragaram em um labirinto pós-moderno de incertezas. Hoje, basicamente, quando alguém quer mostrar um "ar intelectual", tira da cartola a seguinte expressão: "Depende do ponto de vista". Uma pessoa pode não ter qualquer familiaridade com um tema em uma roda de conversa, mas, se disser essa frase, talvez saia de lá como uma pessoa de mente brilhante. Vivemos dias em que a incerteza tem um ar de sofisticação e erudição. A ignorância tornou-se uma virtude.

Por outro lado, a reação cristã ao culto racionalista — ou à cultura da dúvida — não deve ser lançar-se em uma busca mística que ignore o conhecimento autêntico; deve, sim, reafirmar um modo de conhecer que seja particularmente cristão. A natureza do conhecimento, o próprio ato de conhecer e o motivo por trás da busca do conhecimento fazem toda diferença entre os intelectuais integralmente cristãos.

Alguém, contudo, poderia indagar: Mas qual é o sentido de afirmar o termo "cristão" após a expressão "intelectual"? A atividade intelectual não transcende as particularidades? Não opera a partir de uma racionalidade neutra, autônoma e universal, uma racionalidade independente de influências religiosas, culturais e históricas?

O filósofo escocês Alasdair MacIntyre defende a não neutralidade da racionalidade. Segundo ele, não há algo como uma razão neutra ou supra-histórica, ou seja, uma racionalidade que opere fora de uma tradição.[1] Na verdade, a defesa de uma racionalidade universal e independente das lealdades tradicionais ou comunitárias é um mito, uma propaganda do Iluminismo. Os racionalistas tendem, dogmaticamente, a atribuir características transcendentais à razão, ou seja, a razão é posta, soberana, sobre toda experiência com a realidade — de forma irônica, o mesmo lugar que os cristãos diriam que é ocupado por Deus. Não seria exagero afirmar que a evidência do fracasso do racionalismo iluminista está no fato de que, até mesmo entre seus principais proponentes, há uma pluralidade de concepções, justificativas morais e padrões de justiça. Se a razão fosse

---

[1] MacIntyre, A. C. *Whose Justice? Which Rationality?* Notre Dame: University of Notre Dame Press, 1988.

## PULSÃO RELIGIOSA E CONHECIMENTO

um lugar confiável para orientar juízos justos, não haveria opiniões díspares, mas, sim, consenso. Com base nesse argumento, a conclusão é que o projeto iluminista é bastante dependente das contingências históricas, políticas e subjetivas, como qualquer outra tradição intelectual. Uma vez que se reconheça a imposição hegemônica do racionalismo iluminista, é possível inferir que os princípios de racionalidade não estão descolados das particularidades históricas; ao contrário, são historicamente situados. Toda investigação racional é sempre contextualizada, encarnada em uma tradição: "Doutrinas, teses e argumentos, todos devem ser compreendidos em termos de um contexto histórico".[2] MacIntyre avança em seu argumento e chega à sua tese central: se não há uma racionalidade neutra, pois todo juízo ou justificativa racional depende de alguma tradição histórica, e se há diversas tradições, portanto há uma diversidade de *racionalidades* (observe o plural).

A tese de múltiplas racionalidades tem implicações interessantes, inclusive a possibilidade de que outras tradições, para além do racionalismo iluminista, também participem do debate público. No fim, o que se tem é a quebra do monopólio racionalista, que agora é tratado como uma tradição entre outras tantas. Assumir que não há uma racionalidade supra-histórica, mas diversas racionalidades tradicionalmente localizadas, possibilita que o cristianismo se apresente na arena pública como portador de sua própria maneira de pensar e agir. De acordo com Alister McGrath, um dos grandes méritos do argumento de MacIntyre é: "o resgate da noção de que o cristianismo tem uma compreensão distinta e racional sobre a realidade [...] o cristianismo é livre para reafirmar sua distinção".[3] E por reconhecer que a fé cristã conta com um robusto arcabouço teológico, filosófico, histórico e cultural, os cristãos podem, enfim,

---

[2] MacIntyre, 1988, p. 9.

[3] McGrath, Alister. *A ciência de Deus*: uma introdução à teologia científica. Viçosa: Ultimato, 2016, p. 125.

engajar-se no empreendimento intelectual sem constrangimento secularista. Não que os cristãos precisem de justificativas externas à sua tradição para se encorajar a fazer isso; o fato é que eles, agora, têm mais razões para responder à sua vocação pública e intelectual. O cenário é bem favorável para que o cristianismo afirme a plausibilidade de sua racionalidade para além de suas fronteiras comunitárias.

A seguir, vamos explorar a singularidade da vida intelectual cristã com seu fundamento basilar: a autorrevelação de Deus no mundo. E diferente do que propõe a imaginação pós-moderna, o cristianismo não entende, em um primeiro momento, o conhecimento como resultado de um empreendimento puramente humano, mas como reação a um movimento transcendente e eterno. O conhecimento autêntico vem em reação a uma dádiva.

## A INQUIETAÇÃO

> *"Inquieto está nosso coração enquanto não descansar em ti."*
> Agostinho

Diferente do racionalismo iluminista ou de projetos de conhecimento não cristãos, uma intelectualidade cristã deveria partir do reconhecimento de que o ser humano é portador de uma inquietação, de uma busca e de uma curiosidade permanentes. Portanto, ele busca organizar os estímulos atribuindo-lhes sentido, como que juntando as peças de um grande "quebra-cabeças". E ainda que seja possível obter algum conhecimento em relação às estruturas e aos fenômenos do mundo, em um sentido existencial ele parece insuficiente. Se o ser humano não se alienar de si mesmo e continuar a empreender sua busca, mais cedo ou mais tarde ele terá de lidar com o silêncio do mundo em relação a respostas convincentes às suas perguntas mais radicais. E em reação ao silêncio da própria estrutura da realidade, o indivíduo inquieto fará um movimento de "autorreflexão", voltando-se para seu interior, em busca de respostas. A essa altura, ele admitirá, enfim, a própria incapacidade de conhecer o mundo e a si mesmo, e, mais uma vez, só encontrará silêncio. Assim, uma vez que não há respostas no horizonte temporal da experiência humana às questões existenciais e metafísicas, talvez este seja o momento propício a fazer *uma pergunta sobre a pergunta*: Por que os seres humanos são existencialmente tão inquietos?

James Wood, famoso crítico e colunista de *The New Yorker*, escreveu, em agosto de 2011, um texto em que compartilha o relato de uma amiga ateia que, com frequência, acordava à noite, perturbada com uma enxurrada de questões:

> Como pode ser que este mundo seja o resultado de um Big Bang acidental? Como não pode haver um desígnio, um propósito metafísico? Será possível que toda vida — a começar pela minha, a do meu marido, a do meu filho e por aí afora — seja cosmicamente irrelevante?[4]

A amiga de Wood parece perturbada com questões radicais que se situam no fundamento da própria existência. Encará-las é uma questão de honestidade. Negá-las exige um esforço artificial, contraintuitivo. O relato é de alguém que encara, de forma honesta, a inevitabilidade da inquietação humana, mas que ainda não reconhece sua origem e seu destino. Silêncio.

## PULSÃO À ORIGEM

Ao examinar a questão "O que é religião?", o filósofo cristão e reformacional Herman Dooyeweerd (1894—1977) responde que a religião está relacionada a um impulso inato que faz parte da estrutura

---

[4] WOOD, J. "Is That All There Is?" Disponível em: <www.newyorker.com/magazine/2011/08/15/is-that-all-there-is>. Acesso em: 6 jul. 2020.

da personalidade humana, a qual está sempre em busca da *verdadeira* ou *pretendida* origem absoluta de toda diversidade de aspectos que ela percebe no mundo à sua volta. Para ser mais claro, há algo na condição humana que se vale da razão e das emoções, tornando o indivíduo inquieto e o colocando em uma espécie de busca e anseio por respostas para a tão rica percepção das coisas que estão ao seu redor. De uma forma diferente dos animais, os humanos reconhecem uma diversidade de aspectos, formas, texturas, movimentos e fenômenos à sua volta e, de certa maneira, conseguem nomeá-los, organizá-los e classificá-los. O próprio ato de observar e organizar aponta para uma inquietação por sentido, origem e propósito de sua própria consciência, da vida e da realidade.

Uma das características dessa pulsão é que ela "transcende todos os aspectos modais da realidade temporal".[5] Em outras palavras, essa pulsão se dirige para além das estruturas da realidade, apontando para uma origem, para a causa de tudo. Claro, o que não significa sucesso nesse empreendimento, pois o ser humano continua insatisfeito e inquieto.

Antes de descartar a explicação cristã, é fundamental a experiência de testar sua plausibilidade. Talvez seja interessante permitir-se olhar para a realidade a partir da explicação cristã e constatar se ela se encaixa, ou não, na experiência humana. Nesse sentido, de acordo com o reformador francês João Calvino: "O homem jamais pode ter um conhecimento claro de si mesmo se, em primeiro lugar, não contemplar a face do Senhor e, então, descer para examinar a si mesmo".[6]

Calvino é herdeiro do grande teólogo e intelectual cristão Santo Agostinho. Sua afirmação pressupõe a inquietação humana em busca de autoconhecimento, algo apontado por Sócrates, mas que, agora,

---

[5] DOOYEWEERD, H. *A New Critique of Theoretical Thought*. Vol. 1. Ontário: Paideia, 1984, p. 57.

[6] CALVINO, João. *Institutas*, I, 1, 2.

incorpora um elemento teológico: o autoconhecimento exige contemplação de Deus, a qual, por sua vez, ilumina a percepção do ser humano sobre si mesmo e a realidade temporal. Calvino continua: "Sabemos, sem dúvida alguma, que, no espírito humano, há, por inclinação natural, certo senso da divindade [...]. O Senhor nos dotou de certa percepção de sua majestade".[7]

Para o reformador, portanto, há um senso natural que inclina o ser humano, de forma irresistível, a algum tipo de devoção. Essa inclinação permite até mesmo que o ser humano consiga reconhecer e perceber a "majestade" de Deus em algum nível da realidade. Calvino, a exemplo de Agostinho e dos reformadores, embora concorde com a possibilidade de haver algum *reconhecimento de Deus* a partir da observação da criação, entende que *conhecer a Deus* exigiria que se lançasse mão de meios especiais.

## A DIREÇÃO DA PULSÃO

Herman Dooyeweerd[8] acrescenta um importante desdobramento à noção de pulsão religiosa inata. Uma vez que o ser humano é inevitavelmente inquieto, e viver a vida sem qualquer sentido seria algo insuportável, ele adota algum bem temporal, algo criado com o propósito de encontrar alguma segurança espiritual e epistêmica.

A adoção de um bem criado ou de uma causa temporal como lugar de segurança espiritual e intelectual é identificada por Dooyeweerd com aquilo que a Bíblia chama de *idolatria*, ou seja, basicamente, "adorar e servir a criatura no lugar do Criador" (Romanos 1:25). Dessa forma, a pulsão religiosa inata assume uma direção apóstata, pois, em vez de reconhecer Deus como a causa e o sustentador absoluto de toda

---

[7]  CALVINO, *Institutas*, I, 1, 4.
[8]  DOOYEWEERD, H. *No crepúsculo do pensamento*: estudos sobre a pretensa autonomia do pensamento filosófico. São Paulo: Hagnos, 2010, p. 81.

realidade, o indivíduo acaba entronizando um bem relativo no lugar dele. Dooyeweerd[9] aprofunda essa questão, afirmando que, por causa dos efeitos da queda, a pulsão religiosa cooptada pelo pecado conduzirá certamente o ser humano à idolatria. Quando ele se fecha em si mesmo e "se afasta de Deus", a fé se distancia da orientação da revelação especial fornecida pela Palavra. Tal fechamento faz com que sua fé inevitável assuma uma "direção apóstata, em busca de um chão firme na própria criação" e, portanto, a "inevitável consequência é a absolutização idólatra do significado".[10]

Esse lugar de segurança, que forneceria algum tipo de vantagem na compreensão e no conhecimento do mundo e de si mesmo, funcionaria como uma espécie de "ponto arquimediano",[11] que é uma posição de fé a partir da qual seria possível observar, descrever e explicar a diversidade de fenômenos da realidade. A questão é que, inevitavelmente, a fé repousará em Deus ou em algum bem temporal. De qualquer forma, essa inquietação religiosa, tanto em uma direção apóstata como em uma posição convertida, moverá o indivíduo a se relacionar, combinar e elaborar sistemas de explicação pretensamente coerentes: "O impulso religioso inato do ego, no qual a relação na direção da origem divina encontra expressão, toma seu conteúdo de um motivo-base religioso como o poder central de nosso pensamento e ação".[12]

---

[9] DOOYEWEERD, H. *A New Critique of Theoretical Thought*. Vol. 2. Ontario: Paideia, 1984b.

[10] O termo "significado" (*meaning*) em Dooyeweerd tem um sentido muito específico. Basicamente, é sinônimo de realidade, termo alternativo à palavra *substância*. O problema do termo *substância* é que representa uma tentativa filosófica de atribuir a causa da realidade à essência das coisas em si. A filosofia cosmonômica de Herman Dooyeweerd, por seu fundamento cristão, reconhece que o *significado* da realidade, em sua diversidade de aspectos modais, encontra origem, identidade e propósito.

[11] DOOYEWEERD, H. *A New Critique of Theoretical Thought*. Vol. 1. Ontário: Paideia, 1984a, p. 8.

[12] DOOYEWEERD, 1984a, p. 8.

## PULSÃO RELIGIOSA E CONHECIMENTO

Todo empreendimento cultural e intelectual humano tem como raiz uma pulsão religiosa e transcendente radical. Mais do que isso, há uma dimensão ritualística nas práticas aparentemente não religiosas que apontam para uma espécie de liturgia secular.[13] O rigor científico, a análise lógico-matemática, as descrições fenomenológicas, as dissecações anatômicas, a testagem empírica e a vida intelectual, tudo isso é permeado de simbolismos, ritos institucionais, procedimentos e uma boa dose de imaginação e intuição: "a mente humana inquisitiva nunca se contentou em descrever as coisas; ela busca explicá-las".[14]

De maneira belíssima, Abraham Kuyper observa que a pulsão religiosa inata, que ele chamava de "motivo na religião", tem como alvo nenhuma outra criatura senão o Criador, aquele que é a origem de tudo que existe:

> O ponto de partida de todo motivo na religião é Deus, e não o homem. O homem é o instrumento e o meio, somente Deus é o alvo aqui, o ponto de partida e o ponto de chegada, a fonte da qual as águas fluem e, ao mesmo tempo, o oceano para o qual finalmente retornam. Ser irreligioso é abandonar o propósito mais elevado de nossa existência. Por outro lado, não cobiçar outra existência senão a vivida para Deus, não ansiar por nada exceto a vontade de Deus e estar totalmente absorvido na glória do nome do Senhor, essa é a essência e o cerne de toda religião verdadeira.[15]

---

[13] SMITH, J. K. A. *Desejando o reino*: culto, cosmovisão e formação cultural. São Paulo: Vida Nova, 2018.

[14] McGRATH, 2016, p. 220.

[15] KUYPER, A. *Calvinismo*. São Paulo: Cultura Cristã, 2002, p. 56.

## CAPÍTULO 2

# REVELAÇÃO E CONHECIMENTO[1]

*"Onde, porém, se poderá achar a sabedoria? Onde habita o entendimento?*
*O homem não percebe o valor da sabedoria; ela não se encontra na terra dos*
*viventes. O abismo diz: 'Em mim não está'; o mar diz: 'Não está comigo'.*
*Não pode ser comprada, mesmo com o ouro mais puro, nem se pode pesar o seu*
*preço em prata. Não pode ser comprada nem com o ouro puro de Ofir, nem com*
*o precioso ônix, nem com safiras. O ouro e o cristal não se comparam com ela,*
*e é impossível tê-la em troca de joias de ouro. O coral e o jaspe nem merecem*
*menção; o preço da sabedoria ultrapassa o dos rubis. O topázio da Etiópia*
*não se compara com ela; não se compara a sabedoria nem com ouro puro!"*

Jó 28:12-20

A pulsão religiosa inata e a crença (nem sempre confessada) em uma realidade última estão na origem do espírito de investigação da humanidade e da própria ciência. É claro que isso vai de encontro a boa parte do discurso científico contemporâneo, que arroga para si certa neutralidade científica. Contudo, permanece o fato de que os seres humanos sempre "foram guiados por perguntas sobre as origens",[2] não apenas no sentido de procurar respostas sobre o *que*, mas sobre *quem* o originou. Essa inquietação — dirá a tradição cristã — tem origem religiosa, o que

---

[1] Este capítulo é uma adaptação de um texto de minha autoria.

[2] CLOUSER, Roy. *The Myth of Religious Neutrality*: an Essay on the Role of Religious Belief in Theories. Notre Dame: University of Notre Dame Press, 2005, p. 39.

se evidencia pelas explicações ou conclusões metafísicas (sem qualquer fundamento racional) das teorias científicas.

Poucos campos de atividade cultural humana encontram tantos pontos de contato com a teologia e a religiosidade quanto a filosofia, a epistemologia, as ciências humanas e a filosofia da ciência. Esses são precisamente os campos que, com frequência, esbarram em modelos explanatórios e questões filosóficas que transcendem a concretude dos dados fornecidos pela ciência. A atividade intelectual humana dirige-se à realidade e ao próprio sujeito em busca de respostas a perguntas constrangedoras, mas sempre postas pela própria condição humana. As questões voltadas à origem e ao propósito da existência humana e do cosmos têm relação com uma "tendência genética[3] básica".[4]

Outro aspecto intrigante da condição humana na busca pelo conhecimento é que os humanos têm faculdades motoras, perceptivas e cognitivas compatíveis com diversos estímulos e fenômenos da realidade. Possuir um dispositivo complexo de captação de estímulos óticos, como os olhos, exige, naturalmente, uma realidade com presença de luz. Os seres humanos são equipados com diferentes funções de percepção e leitura compatíveis, em grande medida, com a realidade observada. Até mesmo em níveis mais sofisticados, eles dispõem os estímulos recebidos de uma forma que possibilite sua organização em uma rede de sentidos. Uma famosa analogia de C. S. Lewis, embora referindo-se ao senso religioso, é bem ilustrativa aqui:

> As criaturas não nasceriam com desejos se não existisse a satisfação para esses desejos. Um bebê sente fome: muito bem, existe a comida. Um pato deseja nadar: muito bem, existe a água. Os seres humanos sentem desejo sexual: muito bem, existe o sexo. Ao descobrir em mim um desejo que

---

[3] O termo "genética" é aqui utilizado com o sentido de gênesis, origem.
[4] DOOYEWEERD, 1984a, p. 9.

nenhuma experiência deste mundo poderia satisfazer, a explicação mais provável é que eu tenha sido feito para outro mundo.[5]

Se fomos criados, nossa criaturidade é compatível com a realidade. Nossa estrutura se encaixa e tem grande potencial de percepção, interação e organização do que há no mundo. Há uma razoável compatibilidade entre sujeito e mundo; condições reais de conhecimento; e uma *estrutura epistemológica* que torna possível ao ser humano conhecer.

Mas como a pulsão religiosa inata está relacionada com essa estrutura epistemológica? De um ponto de vista cristão, as faculdades perceptivas e cognitivas da estrutura humana têm uma finalidade *doxológica*, no sentido de que foram feitas para conhecer, reconhecer e se maravilhar com a exibição de Deus no horizonte da criação. Essa exibição divina é o que se chama, na tradição cristã, de *revelação*. Em última instância, o aparato cognitivo humano foi criado e está a serviço da pulsão religiosa inata, que sempre dirige o coração humano a um horizonte transcendente. Mas onde encontrar satisfação para essa inquietação epistêmica, para essa necessidade de conhecer? Em uma perspectiva cristã, esse conhecimento se desvela, se revela, ou seja, o *conhecimento é graça*.

## CONTORNOS DA REVELAÇÃO

Todavia, onde é que te encontrei, para poder conhecer-te? Não estavas na minha memória antes de eu te conhecer. Onde, então, te encontrei para conhecer-te, senão em ti mesmo, acima de mim? No entanto, aí não existe espaço. Quer nos distanciemos, quer nos aproximemos de ti, espaço não há. Tu, na verdade, reinas em toda parte sobre todos aqueles que te consultam, e respondes ao mesmo tempo a todas as consultas diversas que te

---

[5] Lewis, C. S. *Cristianismo puro e simples*. Rio de Janeiro, Thomas Nelson Brasil, 2017, p. 183.

são apresentadas. Respondes com clareza, mas nem todos entendem com clareza. Todos te consultam sobre o que querem, mas nem todos ouvem sempre o que querem. Servo fiel é aquele que não espera ouvir de ti o que desejaria ouvir, mas antes deseja aquilo que ouve de ti.[6]

A revelação de Deus é como uma mensagem continuamente transmitida, porém em uma frequência específica. Imagine que um belíssimo filme esteja sendo transmitido, mas por meio de ondas eletromagnéticas, que são invisíveis aos humanos. Mesmo que uma pessoa tenha um aparelho de TV, seria necessário saber exatamente qual frequência ou canal deve sintonizar para receber o sinal e assistir ao filme. O fato é que, pela simples falta de um dispositivo ou de sintonia, não é possível alegar que inexiste transmissão. Na verdade, faltam apenas os meios e as condições para que a mensagem seja recebida e compreendida, mas a mensagem continua lá.

A *revelação* é uma mensagem livre e deliberada da parte de Deus, dirigida aos seres humanos, e cujo conteúdo é ele mesmo.[7] Uma das formas básicas da comunicação divina sobre si é a própria criação como resultado do discurso divino. A estrutura da criação e da realidade natural fornece algum conhecimento sobre a divindade (Romanos 1:20) e, por sua vez, a própria noção de revelação como graça pressupõe e exige um ser em condições de perceber, reconhecer e receber o desvelamento de Deus no mundo criado. Nesse sentido, McGrath assinala que "a mente humana tem a capacidade de reconhecer essa obra da criação como tal e de chegar a algumas conclusões confiáveis sobre a natureza do caráter de Deus a partir de sua observação".[8] A própria noção de religião não apenas requer

---

[6] Agostinho, 2011, p. 298.
[7] Bavinck, Herman. *Dogmática reformada*: Deus e a criação. Vol. 2. São Paulo: Cultura Cristã, 2012, p. 298.
[8] McGrath, 2016, p. 102.

## REVELAÇÃO E CONHECIMENTO

que Deus seja um fato, como também que ele "se revele e se faça conhecido".[9] A revelação não acontece apenas de maneira extraordinária, mas também por meios ordinários, na própria ordem da criação: "A revelação, quer ela venha a nós em uma forma ordinária ou extraordinária, sempre é um ato de Deus".[10]

A revelação é *principium cognoscendi externum* (princípio externo do conhecimento), no sentido de que irrompe no tempo e no espaço e não pode ser acessada apenas por um empreendimento subjetivo humano. A revelação é uma dádiva, uma graça, e exige liberdade plena e total daquele que se autorrevela, em um sentido barthiano: *revelação é um ato divino*. E apesar de se atualizar em uma linguagem humanamente cognoscível, a revelação não pode ser científica e filosoficamente qualificada; antes, ela pode qualificar e enriquecer a atividade científica e intelectual: "A revelação, porém, não é uma categoria filosófica, mas religiosa. A ciência não pode e não deve dizer *a priori* o que é a revelação e quais fatos estão adequados a essa definição [...] o verdadeiro conceito de revelação só pode ser derivado da própria revelação".[11]

A revelação resulta da vontade do Revelador. Nesse sentido, é anterior ao próprio mundo e à humanidade. A ciência não tem condições de estabelecer juízos empíricos ou analíticos definitivos sobre a existência e a vontade do Revelador, pelo simples fato de a atividade científica ser *intracriacional*, ou seja, operar dentro dos limites da criação. Nem o Criador nem qualquer de seus atributos ou vontade podem ser cientificamente dissecados, como a ciência faz com qualquer outra criatura. No caso, o conteúdo da revelação só pode ser acolhido ou rejeitado por parte do ser que conhece. O acolhimento implicaria evidente respeito às categorias dadas pela *providência*.

---

[9] BAVINCK, 2012, p. 277.
[10] Bavinck, 2012, p. 297.
[11] BAVINCK, 2012, p. 299.

## REVELAÇÃO E CONHECIMENTO

No cristianismo, a noção de *revelação* é fundamental para a constituição de sua tradição, portanto, de sua racionalidade. A autorrevelação de Deus é a principal fonte e a principal referência para a atividade intelectual do cristianismo como comunidade epistêmica. A revelação "diz respeito à noção fundamental de que as ideias centrais da fé cristã devem suas origens, direta ou indiretamente, a Deus, e não à razão humana autônoma".[12] O cristianismo é uma comunidade epistêmica, no sentido de ser o depósito, o lugar no qual os cristãos acumulam, historicamente, um vasto patrimônio intelectual e teológico de como conhecer a Deus, o ser humano e a realidade. A revelação é indispensável à atividade intelectual cristã, pois fornece *insights*, normatiza, qualifica e orienta a leitura e a relação do cristão com Deus, com a realidade e com seu próximo.

Reconhecemos a transcendência e a singularidade de Deus por meio de sua revelação.[13] A criação e sua complexidade encontram consonância com o ser de Deus, seu Criador. Por causa de Deus, é-nos possível perceber distinções, mas também unidade na diversidade da criação. Deus é a fonte e a origem de toda diversidade e de toda similaridade no mundo: "Porque toda racionalidade no universo tem uma única origem no Criador, e porque os diferentes modos de racionalidade criados, como número, palavra, organismo e beleza, se interpenetram, é possível haver uma unidade profunda em todas as artes e nas ciências".[14]

Há uma longa tradição no cristianismo de que a razão não se impõe à realidade; antes, que deve operar cognitivamente a partir das regras derivadas da própria realidade. Não porque a criação, em sua diversidade de aspectos e entes, tenha alguma essência que determine

---

[12] McGrath, 2016, p. 222.
[13] Torrance, Thomas. *Reality and Scientific Theology*. Edinburgh: Scottish Academic Press, 1985.
[14] Torrance, 1985, p. 24.

sua coerência interna, mas porque ela foi criada, organizada e é mantida pela palavra de Deus em uma ordem sábia. Portanto, a noção de que Deus governa e também se autorrevela na estrutura da realidade é um importante princípio para o empreendimento intelectual cristão. Torrance observa que, nesse caso, a teologia, ao ser tratada como ciência, torna-se a ciência do Deus vivo, cuja atividade é "uma investigação positiva e progressiva sob a determinação do que Deus nos revela de sua própria natureza e atividade, e em toda diversidade de relações em que nos encontramos quando nos engajamos na exploração científica do universo criado ao redor de nós".[15]

Um Deus que se revela exige um ser que possa compreender sua revelação em algum nível. Mas não apenas isso; sua revelação deve ter algum ponto de contato analógico com a estrutura e os dados da realidade. Toda atividade intelectual e imaginativa humana acontece, obviamente, dentro do horizonte da criação. A revelação é contextual, no sentido de que seu conteúdo e sua forma podem ser compreendidos nas condições daqueles a quem é desvendada. *Deus é intencional em fornecer uma revelação extraordinária em um contexto ordinário.*

## DUPLO CONHECIMENTO

A Escolástica[16] tendia a um dualismo radical entre as dimensões natural e sobrenatural, o que resultou em excessiva confiança no potencial de revelação da ordem natural. Por outro lado, havia uma tendência excessivamente transcendental na teologia que impedia qualquer possibilidade de haver algum conhecimento sobre Deus a partir da ordem da criação. No

---

[15] TORRANCE, 1985, p. 67.
[16] Movimento filosófico medieval de origem cristã e inspirado nas ideias aristotélicas. Entre seus proponentes, um nome de destaque é São Tomás de Aquino. Há, porém, quem objete que tenha sido Tomás o desencadeador do dualismo escolástico, e há quem atribua isso a alguns de seu principais intérpretes.

fim, havia uma distorção cosmológica pela ausência de uma teologia que integrasse o caráter criativo e redentor de Deus.

O dualismo conduziu a cultura ocidental ao deísmo, ao naturalismo e, finalmente, ao secularismo. Para alguns, infelizmente, o caminho foi lançar-se em uma atividade intelectual racionalista, naturalista ou imanentista; para outros, em uma atividade intelectual reclusa e mística, com pouca implicação para a vida na criação. Em geral, o primeiro caminho acaba se relacionando com uma rejeição a qualquer princípio normativo derivado da teologia ou da revelação transcendental — sentimento presente entre os pensadores seculares ou teologicamente progressistas, que optam por abraçar, de forma crédula, o *espírito do tempo*. Já o caminho do misticismo ou do transcendentalismo pode incorrer em um sentimento anti-intelectual ou anticientífico, como se observa em algumas tendências pietistas evangélicas ou em alguns tipos de fundamentalismo religioso. Nesse sentido, a polarização que imanentiza ou transcendentaliza parece irreconciliável, mas há um esforço significativo e muito bem elaborado no sentido de haver uma teologia natural que seja histórica e essencialmente cristã,[17] evitando, assim, os riscos de sua completa rejeição ou da secularização da teologia.

O início de um esforço para afastar os riscos do dualismo aristotélico — que penetrou na teologia cristã por algumas tendências dentro da filosofia escolástica — ocorreu durante a Reforma Protestante no século 16. A tradição reformada tem enfatizado aquilo que Calvino costumava chamar de *duplex cognitio Dei* (duplo conhecimento de Deus), uma referência à possibilidade de se conhecer algo de Deus, por um lado, nas Escrituras (revelação especial) e, por outro, pela observação da ordem criação (revelação geral).

Mais adiante, abordam-se a diferença entre *revelação geral* e *revelação especial* e a forma como se inter-relacionam. Porém, já deve estar claro

---

[17] McGrath, 2016; 2019; Torrance, 1985.

que a atividade intelectual cristã exige reconhecer que Deus, em algum nível, revela algo de si mesmo na estrutura do mundo criado. Por isso, até mesmo os não cristãos, com certos limites, podem obter algum tipo de conhecimento da realidade criada e inferir sua origem divina: "Como sua [de Deus] essência é incompreensível e está oculta à inteligência humana, ele gravou, em cada uma de suas obras, certos sinais de sua gloriosa majestade, sinais pelos quais ele se dá a conhecer".[18] Por outro lado, Deus também depositou sua revelação de forma especial nas Escrituras Sagradas, cuja leitura exige um coração regenerado e a companhia da Igreja, ou seja, de seus mestres, que cooperam e auxiliam em sua interpretação. A autorrevelação de Deus nas Escrituras exige registro e interpretação. O produto dessa interpretação historicamente acumulada forma o *depositum fidei* (depósito da fé), representado por dogmas, credos, confissões, catecismos, comentários bíblicos exegéticos e teologias sistemáticas.

O cristianismo, mesmo em toda a sua complexidade, torna-se o contexto tradicional que fornece as lentes epistemológicas, ou seja, os meios de conhecimento que norteiam a atividade intelectual cristã, tanto no campo teológico como fora dele. Nas palavras de C. S. Lewis: "Acredito no cristianismo como acredito no sol, não apenas porque o vejo, mas porque, por meio dele, vejo todo o resto".

A noção cristã de revelação está na raiz de sua racionalidade e de sua epistemologia. Sua singularidade filosófica reside justamente no fato de reconhecer que o conhecimento de Deus deve abranger e orientar todo trabalho epistemológico sobre o ser humano, a vida e a natureza. Uma teologia natural, ou seja, uma reflexão teológica, para interagir com a estrutura da criação, para ser explicitamente cristã, dependeria de três fatores:[19]

---

[18] CALVINO, *Institutas*, I, 1, 11.
[19] McGRATH, 2016, p. 102.

1. O reconhecimento de que a ordem temporal foi criada pelo Deus Trino;
2. A criação *ex-nihilo*, ou seja, não afetada e independente de uma matéria original não criada;
3. Um ser em condições de reconhecer e conhecer, em algum nível, a obra da criação e do Criador.

Deus, portanto, revela-se, de forma *geral*, na estrutura da criação. Assim, de fato, é possível obter algum conhecimento dos diferentes fenômenos e seres aí presentes. Também é possível inferir a existência de um ser extraordinário que moldou a realidade e reconhecer alguns de seus atributos. Porém, para se chegar a níveis mais profundos de conhecimento *sobre* e *de* Deus, a natureza humana e o propósito da realidade, é necessário contar com um nível *especial* de revelação. Nesse caso, a revelação mediada pelas Escrituras e, finalmente, em seu "Logos" encarnado.

CAPÍTULO 3

# REVELAÇÃO GERAL E ESPECIAL

Como já abordado no capítulo anterior, o empreendimento intelectual cristão depende radicalmente da noção de revelação divina. Nesse sentido, a atividade intelectual torna-se uma espécie de convocação à adoração, em que os seres humanos são chamados ao maravilhamento e ao conhecimento de Deus. Toda reflexão epistemológica do cristão pressupõe o descortinamento de Deus e o reconhecimento de que o ser humano possui um aparato sensorial e cognitivo, desde que condições especiais sejam fornecidas, a fim de desfrutar adequadamente o conhecimento acerca de Deus, do mundo e de si mesmo:

> A revelação é algo da maior importância não apenas para a religião, mas também para a filosofia e, particularmente, para a epistemologia. Toda cognição consiste de uma relação peculiar entre sujeito e objeto, e está construída sobre uma conformidade entre ambos. A confiabilidade de percepção e pensamento não está assegurada, a não ser que as formas do pensamento e as formas do ser correspondam entre si, em virtude de suas origens em uma mesma sabedoria criativa.[1]

Não há garantia de que o empreendimento intelectual e o ato de conhecer correspondam à realidade e ao seu propósito. Para que isso

---

[1] BAVINCK, Herman. *A filosofia da revelação*. Brasília: Monergismo, 2019.

ocorra, é necessário que, além do empenho intelectual do sujeito e da observação dos dados fornecidos pela realidade, exista uma espécie de iluminação especial da revelação de Deus. Por ser a imagem de Deus, portanto dependente, o ser humano precisa integrar-se Àquele que é a sua origem e também a toda a realidade em que se debruça. Nesse ponto, é fundamental abordar uma distinção importante da tradição cristã quanto a dois modos como Deus se revelou.

No cristianismo antigo já é possível observar alguma distinção entre "revelação natural" e "revelação sobrenatural". Justino Mártir (100—165 d.C.), importante pai apologista, afirmava a possibilidade de se perceber a "semente da razão"[2] até mesmo entre os pagãos. No entanto, ele afirmava, ao mesmo tempo, há um conhecimento espiritual obtido apenas pela iluminação de Cristo, por intermédio do Espírito Santo. Agostinho segue a mesma tradição ao afirmar certa alusividade ao Criador nas coisas criadas, mas um conhecimento melhor que só podia ser acessado pela fé.

O esforço para extrair algum conhecimento de Deus pela razão ou pela ordem natural foi desenvolvido em todo o período patrístico e medieval, respeitando-se diferentes ênfases e procedimentos teológicos e filosóficos. Já durante a Reforma, houve certa diversidade no tratamento da questão. Nesse contexto, seus herdeiros desenvolveram a famosa "Confissão Belga" (1561—1562), que, em seu segundo artigo, trata do conhecimento de Deus nos seguintes termos:

> Nós o conhecemos por dois meios. Primeiro: pela criação, manutenção e governo do mundo inteiro, visto que o mundo, perante nossos olhos, é como um livro formoso, em que todas as criaturas, grandes e pequenas, servem de letras que nos fazem contemplar "os atributos invisíveis de Deus", ou seja, "o seu eterno poder e a sua divindade", como diz o apóstolo Paulo

---

[2] σπερμα του λογου (*sperma tú lógu*), semente do *lógos*.

(Romanos 1:20). Todos esses atributos são suficientes para convencer os homens e torná-los indesculpáveis. Segundo: Deus se fez conhecer, ainda mais clara e plenamente, por sua sagrada e divina Palavra, ou seja, tanto quanto nos é necessário nesta vida, para sua glória e para a salvação dos que lhe pertencem.

Então, basicamente, o que se vê ao longo da tradição cristã é que Deus se descortina às suas criaturas de duas maneiras. Isso sem ignorar que, basicamente, a discussão ao longo tempo, refere-se à relação entre revelação geral e especial, ou seja, à possibilidade de acesso a ambas.

## A REVELAÇÃO GERAL

A estrutura da criação é o palco de toda revelação de Deus. Até mesmo os atos salvadores e revelatórios extraordinários de Deus, da forma como foram preservados nos textos bíblicos, foram operados no contexto da criação. João Calvino referia-se à ordem criada como o "Teatro da Glória de Deus", pois, de fato, Deus exibe a própria glória, ou seja, seus atributos, sua pessoa e sua vontade, às suas criaturas no contexto do tempo e do espaço: "O mundo inteiro é o teatro para a exibição da bondade, da sabedoria, da justiça e do poder de Deus".[3]

Como todas as criaturas habitam essa realidade, algo de Deus é revelado e pode ser conhecido por pelo menos uma delas, precisamente por aquela que foi feita à sua imagem e à sua semelhança: o ser humano. Os atributos de Deus, como onipotência, governo, sabedoria, beleza e amor, podem ser reconhecidos na estrutura da realidade. Nesse contexto, em termos bíblicos, a criação "proclama a glória de Deus" (Salmos 19:1), sua voz permeia toda a realidade (Salmos 29:3-9) e o Espírito de Deus renova a vida na face da terra (Salmos 104:30). Depois de haver criado a

---

[3] CALVINO, João. *Salmos*. Vol. 4. São José dos Campos: Fiel, 2009, Salmos 135:13.

realidade com sua Palavra, Deus permanece comprometido em manter a vida e a existência em seu mundo. Aqui, não há espaço para o deísmo ou o naturalismo, e todas as leis que estruturam a criação são mantidas por decretos contínuos. Deus governa e mantém suas criaturas agora e sustenta todas as coisas pela Palavra de seu poder (Hebreus 1:3).

Toda realidade conhecida é fruto da graça divina. Não é possível alegar a existência de uma realidade "natural", independente de uma operação "sobrenatural". Deus, que opera desde a eternidade, sustenta e mantém o mundo que criou. Portanto, o termo "natureza" não pode ser entendido em um sentido naturalista, como uma realidade fechada e autônoma. A criação é mantida por uma atuação contínua e está sob a regência permanente da *providência* divina. Quando se fala de revelação geral, tende-se a restringi-la à natureza, mas, de alguma maneira, Deus também se revela nos eventos históricos e na atividade cultural: "Os meios que Deus emprega na revelação são toda a natureza e toda a história, a história não somente da raça humana e dos vários povos sobre a terra, mas também de gerações, famílias e pessoas; não somente a história de estados e sociedades, mas também das religiões e morais e de todas as culturas".[4]

É possível discernir muito acerca de Deus nas riquezas culturais, e sua glória pode ser percebida nas virtudes e sabedorias historicamente acumuladas. O livro de Provérbios, por exemplo, registra impressões sobre Deus que são inferidas de relações humanas concretas. E ainda que tais conhecimentos sejam teologicamente qualificados, não se pode simplesmente negá-los. Paulo fez uso desse modo de revelação durante sua pregação no Areópago, em Atenas (Atos 17), e se valeu da poesia pagã para convidar seus ouvintes a discernir o Deus que ele estava anunciando.

---

[4] BAVINCK, 2012, p. 340.

## REVELAÇÃO GERAL E ESPECIAL

ao longo de toda a Bíblia, somos ensinados sobre a revelação geral. A revelação de Deus começou na criação e continua na sustentação e no governo de todas as coisas. Ele se revela na natureza a seu redor, exibe nela seu eterno poder e divindade, e, em bênçãos e juízos, alternadamente mostra sua bondade e sua ira [...] Essa revelação de Deus é geral, perceptível como tal e inteligível a todo ser humano. A natureza e a história são o livro da sabedoria e da onipotência de Deus, de sua bondade e justiça. Todas as pessoas, em certa medida, reconhecem essa revelação.[5]

Não obstante as distorções hermenêuticas e a precariedade da percepção humana, Deus continua se revelando. O conhecimento de Deus continua a ser derramado e entregue a todas as criaturas. Sem dúvida, algo de Deus pode ser conhecido na relação com a estrutura da criação, o que torna os seres humanos indesculpáveis (Romanos 1:20). De fato, o curso natural é que os seres humanos reconheçam algum tipo de origem transcendente da realidade natural apenas por meio da observação. Nesse caso, o ateísmo seria um esforço artificial e uma exceção.

Apesar de certa capacidade para se conhecer algo de Deus por meio da revelação geral, os efeitos cognitivos da queda e do pecado são grandes limitadores. A autorrevelação geral de Deus é uma graça universalmente disponível, mas, por causa da perda de conexão espiritual com sua origem (Deus), o ser humano encontra-se limitado em sua capacidade de discernir adequadamente os dados apresentados pela revelação geral. Portanto, é necessário não apenas que Deus se dê a conhecer, mas que também forneça um meio especial para que a criatura caída possa conhecê-lo.

Os protestantes sustentam a necessidade de haver um meio especial para se acessar a revelação divina. Assim, essa revelação se concentra principalmente no registro textual dos grande atos salvadores e revelatórios de

---

[5] Bavinck, 2012, p. 311.

Deus, ou seja, as Escrituras Sagradas. Nelas, o cristão encontra sua principal fonte de discernimento, sabedoria e conhecimento. Sob um ponto de vista cristão, é possível tirar melhor proveito da revelação geral quando ela é abordada sob a perspectiva da revelação especial, ou seja, pelo conteúdo das Escrituras. A afirmação de duas fontes da revelação divina segue a noção calvinista de "duplo conhecimento de Deus".

## A REVELAÇÃO ESPECIAL

A revelação especial refere-se a uma maneira *exclusiva*, bem particular, de desvelamento divino. Pense em camadas de revelação: na estrutura da criação, algo de Deus foi revelado, mas ainda são exigidos níveis mais profundos de conhecimento.

A queda e a pecaminosidade humana impedem o ser humano de avançar nessa compreensão. Daí a necessidade de o próprio Deus envolver-se em um projeto de resgate da humanidade. A salvação também implica fornecer ao ser humano condições de progredir em seu conhecimento de Deus e discerni-lo em níveis mais significativos. Somente a revelação especial pode iluminar os olhos do ser humano para enxergar, de forma real, Deus, o propósito de toda a criação e a si mesmo. Nesse contexto, há uma dimensão particular e exclusiva da autorrevelação divina que está implicada na maneira como Deus, de acordo com sua livre vontade, descortinou-se a indivíduos ou a grupos de indivíduos, mas também, de maneira mais profunda e definitiva, em Jesus Cristo, seu Filho.

O eleito recebe uma iluminação particular quando tem seu coração regenerado pelo poder do Espírito Santo e se liga a Jesus Cristo, de modo que é posto justificado, em adoção, diante do Pai. Porém, o conteúdo dessa revelação trinitária só pode ser apreciado em seus contornos e exatidão por meio das Santas Escrituras: "Toda revelação resumida na Escritura é uma revelação especial, que começa no paraíso e é concluída no Apocalipse".[6] Ainda nesse sentido, segundo Vanhoozer, a revelação de Deus nas Escrituras deve ser apreciada de forma canônica e "teodramática",[7] como um contínuo desvelamento, por atos salvadores, leis, alianças, cânticos, sabedoria, escatologia e profecias que, combinados, fornecem um vasto material epistemológico. Entretanto, essa Escritura deve ser reconhecida como obra inspirada por Deus (2Timóteo 3:16) e como fonte de autoridade e revelação de Deus.

As Escrituras tratam de eventos que revelam muito sobre Deus, a condição da humanidade, o que Deus está realizando para resgatá-la, a renovação da criação e a derradeira glorificação de Deus. O Texto Sagrado, embora não contenha a narrativa como único estilo literário, conta, em seu conjunto, uma grande história de Deus. Um texto bíblico que ilustra esse princípio é o que se segue:

> Moisés disse para Deus: "Eis que, quando eu for falar com os filhos de Israel e lhes disser: 'O Deus dos seus pais me enviou a vocês', eles vão perguntar: 'Qual é o nome dele?' E então o que lhes direi?". Deus disse a Moisés: "Eu Sou o que Sou". Disse mais: "Assim você dirá aos filhos de Israel: 'Eu Sou me enviou a vocês'." Deus disse ainda mais a Moisés: "Assim você dirá aos filhos de Israel: 'O Senhor, o Deus dos seus pais, o Deus de Abraão, o Deus de Isaque e o Deus de Jacó, me enviou a vocês'. Este é o meu nome eternamente, e assim serei lembrado de geração em geração" (Êxodo 3:13-15, NAA).

Observe que, nessa passagem do livro do Êxodo, Moisés antecipa-se quanto à ignorância do povo acerca do Deus dos patriarcas, seus antepassados. A pergunta de Moisés visa fornecer alguma identificação ao povo.

---

[6] BAVINCK, 2012, p. 321.

[7] VANHOOZER, K. *The Drama of Doctrine*: a Canonical Linguistic Approach to Christian Theology. Louisville: WJK, 2005.

# A ESCOLA DO MESSIAS

Aqui, Moisés torna-se uma espécie de mediador da revelação. A resposta de Deus é intrigante, principalmente quando consideramos sua estrutura no texto hebraico:

*ehie asher ehie* אהיה אשר אהיה

A construção verbal hebraica está na voz ativa do imperfeito na primeira pessoa do singular. Como se sabe, essa é uma construção verbal que poderia ser traduzida no futuro, sugerindo algo como: "Serei o que serei".[8] Essa tradução encontra consonância na complementação à resposta dada a Moisés no próximo verso: "O Senhor, o Deus dos seus pais, o Deus de Abraão, o Deus de Isaque e o Deus de Jacó, me enviou a vocês. Esse é o meu nome eternamente". E por que há consonância?

Há vários testemunhos bíblicos de que, em geral, os nomes dos personagens bíblicos estão relacionados com suas biografias. O nome não é uma abstração, mas um atalho simbólico, um ato ilocucionário para uma biografia, uma história. Abraão, que significa literalmente "pai de povos", não tinha esse nome por acaso, levando-se em conta que ele, de fato, veio a ser o pai de muitos povos (Gênesis 17:4; Romanos 4:17). Assim, para um leitor familiarizado com esse padrão da Bíblia Hebraica, quando Moisés pergunta o nome de Deus, a resposta deveria ser um substantivo que tivesse alguma correspondência objetiva com o *ser* de Deus. Mas, em vez disso, a resposta vem em forma de uma sentença verbal, e não de um substantivo.

Deus é quem conduz as histórias e as biografias. Porém, quando Deus nomeia a si mesmo com um verbo, e não com um substantivo, o recado está dado: sua biografia não é conduzida por ninguém; ela se

---

[8] Martinho Lutero adotou essa alternativa em sua tradução da Bíblia para o alemão: "*Ich Werde Sein, Der Ich Sein Werde*".

## REVELAÇÃO GERAL E ESPECIAL

59

desvela no tempo. Seu ser se descortina: "Ele será o que será". Da mesma forma que Deus se fez conhecido a Abraão, Isaque e Jacó, seu nome e sua história serão revelados dentro do tempo, no horizonte da história.

Nesse contexto, o encontro de Moisés com Deus no Horebe oferece um paradigma para o teólogo e o intelectual cristão quanto à revelação de Deus nas Escrituras. O cânon bíblico fornece uma teologia e uma epistemologia narrativas situadas em uma trajetória pactual: Deus exibe a si mesmo no tempo e no espaço, operando atos salvadores e autorrevelatórios.

O conhecimento de Deus fornecido nas Escrituras é mais nítido e descortina camadas mais profundas de sentido sobre a identidade de Deus, do ser humano e da criação. Além disso, as Escrituras abordam os meios dos quais Deus se vale para reconciliar o ser humano e resgatá-lo de sua alienação. Por meio de uma leitura canônica, é possível discernir e sentir-se espiritualmente iluminado ao longo de uma história de criação, queda, redenção e restauração de todas as coisas. Uma revelação particular que, inclusive, contempla a noção de que o universo tem origem e convergência cristológicas (Efésios 1:10; Hebreus 1:2; Colossenses 1:16-20), ou seja, Deus, neste momento, está fazendo a história convergir para Jesus Cristo. Esse é o escândalo da epistemologia cristã: "Porque os judeus pedem sinais e os gregos buscam sabedoria, mas nós pregamos o Cristo crucificado, escândalo para os judeus, loucura para os gentios. Mas, para os que foram chamados, tanto judeus como gregos, Cristo é o poder de Deus e a sabedoria de Deus" (1Coríntios 1:22-24).

A particularidade do conhecimento sobre Deus se dá em sua forma mais gloriosa no próprio Cristo: ele é o Verbo/Palavra/Sabedoria que se fez carne e habitou entre nós e, por meio dele, todas as coisas foram criadas (João 1:3; Hebreus 1:2); nele, é possível ver a "glória do unigênito do Pai" (João 1:14); por meio de Cristo, o Deus invisível se tornou visível (João 1:18; Colossenses 1:15); ele fornece a seus discípulos um conhecimento singular sobre Deus Pai (João 17:25-26); Jesus é o "resplendor da glória e expressão exata" do ser de Deus (Hebreus 1:3). Por isso, as Escrituras, além de revelarem, de forma especial, conhecimento de Deus, também informam o eleito acerca de uma transformação especial: a salvação e a reconciliação de seres humanos com Deus, em Cristo, pela graça e por meio da fé (Efésios 2; Romanos 5).

Como descrito, as Escrituras têm um potencial epistemológico singular. Entretanto, o acesso a essa verdade exige uma operação especial de graça no coração do ser humano, algo que transcende o mero escrutínio acadêmico:

> Deus não fala a teólogos, filósofos e cientistas, mas a pecadores perdidos em si mesmos, feitos seus filhos pela operação do Espírito Santo em seus corações. Nesse sentido central e radical, a palavra de Deus, ao penetrar na raiz de nosso ser, tem de se tornar o motivo-poder central do todo da vida cristã na ordem temporal, com sua rica diversidade de aspectos, tarefas e esferas ocupacionais. Como tal, o tema central da criação, da queda no pecado e da redenção deveria também ser o ponto de partida central e o motivo-poder de nosso pensamento teológico e filosófico.[9]

## INTEGRAÇÃO ENTRE REVELAÇÃO GERAL E REVELAÇÃO ESPECIAL

Para se evitar o dualismo, não basta identificar os dois modos pelos quais Deus se revela; é necessário também tornar claras a relação e a integração entre revelação especial e revelação geral. Esse dualismo da doutrina da revelação pode resultar em uma ruptura na própria percepção da natureza de Deus. No cânon bíblico, não há distinção entre o Deus que cria e o que redime. Na verdade, a Palavra que cria é a mesma que redime, como sintetiza João, no prólogo de seu Evangelho (João 1:1-3).

---

[9] DOOYEWEERD, 2010, p. 257.

# REVELAÇÃO GERAL E ESPECIAL

Em oposição aos gnósticos e ao herege Marcião, que dicotomizavam o cosmos e a própria divindade, Irineu de Lyon (século 2 d.C.), renomado pai da Igreja, identificava um claro distanciamento entre as Escrituras e a tradição apostólica em sua obra (conjunto de obras) *Contra as heresias.* Somente mais tarde, no contexto da tradição reformada, é possível visualizar uma importante contribuição teológica na reconciliação e na integração desses dois modos de Deus se autorrevelar. De forma resumida, a tradição reformada:

1. Reconhece a distinção entre "revelação natural" e "revelação sobrenatural", porém dispensa um tratamento diferenciado à relação entre ambas, principalmente em comparação a seus antecessores;
2. Admite uma revelação natural, porém exige uma iluminação específica para que essa revelação seja bem aproveitada. Essa iluminação procede do que Dooyeweerd chama de "palavra-revelação";[10]
3. Reconhece os efeitos da queda sobre o intelecto (efeitos noéticos[11] da queda), no sentido de que há limitação no discernimento humano da revelação de Deus;
4. Para um reconhecimento adequado da revelação de Deus na criação, seria necessário haver uma revelação especial;
5. Essa revelação especial exige a união espiritual do crente com Cristo, por obra do Espírito Santo, além de uma vida iluminada pelo discernimento das Escrituras Sagradas.

A noção de revelação sobrenatural (especial) não visava afirmar uma revelação mística ou distante da realidade humana; afirmava, sim, que

---

[10] DOOYEWEERD, 1984a, 2010; KALSBEEK, L. *Contornos da filosofia cristã.* São Paulo: Cultura Cristã, 2015.

[11] O termo *noético* tem o sentido grego de *noésis* e designa o pensamento ou o raciocínio.

ela seria providencial, "excedendo em muito os pensamentos e desejos de seres humanos caídos em pecado".[12]

Nesse sentido, a teologia reformada se diferenciava da percepção escolástica, que atribuía alguma autonomia à razão e à natureza, por causa de uma distinção estanque. Agora, o que se percebe é uma integração e uma interdependência entre a operação da graça evangélica e a relação dos salvos com a realidade criada. Herman Bavinck reconhece que os reformadores, especialmente Calvino, avançaram bastante na superação de um dualismo ferrenho entre as dimensões naturais e sobrenaturais da revelação, porém ele propõe a recuperação do discernimento bíblico, para que se aborde, com mais profundidade, a relação entre ambas.[13] De acordo com o teólogo holandês, a Bíblia não faz distinção entre "revelação natural" e "revelação sobrenatural".[14] Toda revelação divina é "sobrenatural", no sentido de ser fruto da graça divina, resultado de uma vontade transcendente. O próprio termo *revelação* exige que aquele que se revela o faça de maneira deliberada. Nesse sentido, se há alguma revelação na natureza, ela é, igualmente, sobrenatural e graciosa. Deus continua trabalhando (João 5:17), o que evoca uma doutrina reformada importante (que será abordada mais adiante) que está relacionada à própria ordem cósmica: a *providência*, ou seja, o Deus que criou a realidade também é seu mantenedor e sustentador contínuo (Hebreus 1:3).

Herman Dooyeweerd enfatiza que a revelação de Deus na estrutura da ordem criada depende de um conhecimento especial, fornecido pela Palavra-Revelação: "Apenas por meio dessa Palavra os olhos da mente se abrem ao entendimento da revelação geral de Deus na natureza criada. Apenas a função da fé pode dirigir a função lógica do pensamento à

---

[12] BAVINCK, 2012, p. 305.
[13] BAVINCK, 2012, p. 306.
[14] BAVINCK, 2012, p. 307.

## REVELAÇÃO GERAL E ESPECIAL

revelação divina, e apenas a Palavra-Revelação poderia desvelar à fé a revelação na natureza.[15]

Então, observe que a graça de Deus já operava na criação e na manutenção do cosmos. Nesse caso, a distinção entre "revelação geral" e "revelação especial" pavimenta o caminho para os conceitos de graça comum e graça especial. A primeira, a graça comum, relaciona-se com uma operação divina graciosa, no sentido de manter a estrutura da realidade; a segunda, por sua vez, a graça especial, refere-se a uma operação particular da graça para salvar, reconciliar e transformar pecadores em filhos e filhas de Deus. Essa é uma relação importante quando se pensa em um recuperação cristã e teísta da teologia natural. Se antes ela tendia a uma busca de compreensão teológica à custa da revelação especial, agora há possibilidade de haver uma teologia natural que fornece um olhar sobre a criação a partir das lentes da revelação especial, especificamente a sabedoria canônica e tradicional do cristianismo.

Finalmente, para se avançar no discernimento de uma epistemologia cristã, evangélica e reformada, é essencial desenvolver a compreensão daquele que é revelado. Deus é o conteúdo da revelação — e tal revelação é essencial para criaturas feitas à sua imagem, por isso, agora já há condições de abordar o que de Deus é revelado e quais as implicações dessa revelação para o ato de conhecer.

---

[15] DOOYEWEERD, 1984b, p. 307-308.

# SEÇÃO 2

## ESCRITURAS E CONHECIMENTO

CAPÍTULO 4

# TEOLOGIA: DEUS COMO AUTOR DO CONHECIMENTO

A esta altura, já deve estar claro que a fé cristã tem sua própria racionalidade, ou seja, seu modo peculiar, tradicional e histórico de compreender e conhecer Deus, o mundo e o ser humano. Da mesma forma, está evidente que Deus, como é revelado de forma geral e de forma especial, é a fonte primária e o ponto de referência na formação de sua tradição epistemológica.

A epistemologia cristã é explicitamente teorreferente, ou seja, o empenho cristão para conhecer Deus, a realidade e o ser humano tem como referência e ponto de partida a própria revelação de Deus. Por ser explicitamente cristã, essa epistemologia não se baseia em uma divindade genérica ou em várias divindades, mas, sim, no Deus cristão. O cristão crê na particularidade da revelação especial, afirmando que o *arché* (origem) e o *telos* (finalidade) do cosmos são o Deus único, que é Pai, Filho e Espírito Santo.

A teorreferência da epistemologia cristã é trinitária. Isso significa que ela tem um duplo desdobramento epistemológico a partir de dois aspectos desse importante dogma cristão: o **monoteísmo** e a **tripessoalidade de Deus**. Cada um desses aspectos da natureza de Deus fornece *insights* importantes e qualificam formas distintas de leitura e interação com o próprio Deus e, portanto, também com o mundo e os outros seres humanos. Em grande medida, o Ocidente se porta de maneira monoteísta. Os ateus raramente afirmam não crer em *deuses*. Afinal, parece ponto pacífico que a crença em um único Deus, ainda que seja um deus genérico, é hegemônica. Contudo, nem sempre foi assim.

No mundo antigo, o politeísmo era universal. Diferentes grupos culturais ou impérios cultivavam ou absorviam inúmeras divindades. E o politeísmo influenciou profundamente a cosmovisão de várias dessas civilizações antigas. Diferente de nosso mundo, que tende à secularização, no mundo antigo a religião, a cultura, a política, a sociedade e a economia entrelaçavam-se. Não havia noção de uma crença religiosa restrita à vida privada. Por ser a religião politeísta tão determinante e tão integrada à vida das pessoas, parece lógica a conclusão de que essas crenças influenciavam diretamente a percepção desses grupos sobre a própria existência. Com o surgimento do monoteísmo, as diversas cosmovisões derivadas das variadas devoções religiosas seriam desafiadas em vários níveis.

## MONOTEÍSMO E EPISTEMOLOGIA

O monoteísmo, como a expressão já indica, envolve duas noções básicas: unicidade e teísmo. Tais noções sobre Deus são inferidas de forma mais nítida a partir da revelação especial, principalmente pelo que está registrado no cânon bíblico.

Para os cristãos, o politeísmo foi desafiado graças a um ato deliberado e processual do próprio Deus em se revelar como único. O processo de revelação tem início no drama do chamamento de Abraão e, mais especificamente, em sua revelação explícita a Moisés. Tudo indica que a revelação monoteísta e o culto exclusivo a YHVH se desenvolveram de forma progressiva.[1]

O nascimento do monoteísmo, fora da noção de revelação divina, tem intrigado filósofos não religiosos. O renomado filósofo israelense

---

[1] WESTERMANN, Claus. *Os fundamentos da teologia do Antigo Testamento*. Santo André; São Paulo: Academia Cristã, 2011.

# TEOLOGIA: DEUS COMO AUTOR DO CONHECIMENTO

Yehezkel Kaufmann (1889—1963) desenvolveu uma importante pesquisa histórica, filosófica e religiosa sobre as origens da religião israelita, explorando, basicamente, a emergência de sua fé monoteísta. Ele explorou a singularidade desse fenômeno, estabelecendo importantes paralelos históricos entre diversas práticas rituais e simbólicas de Israel e os povos pagãos vizinhos. Contudo, Kaufmann não conseguiu encontrar qualquer equivalência ou derivação de uma crença em particular. O monoteísmo israelita foi tratado por ele como uma espécie de revolução: "A revelação do nome de YHVH na sarça dá início à batalha contra o paganismo, estabelecendo contraste entre Israel e o Egito. Esse é o início da revolução monoteísta em Israel".[2] De acordo com Kaufmann, somente a partir de Moisés a idolatria é tratada explicitamente como um pecado nacional. No cânon bíblico, não há relato pré-mosaico da idolatria como uma prática pecaminosa.[3]

O que inquieta o filósofo é o fato de não haver pistas para a origem histórica de uma crença teológica tão singular e estranha a um mundo predominantemente politeísta.[4] Não há dados que sustentem qualquer derivação histórico-cultural da exclusividade universal do culto a YHVH: "Uma vez que a ideia básica da religião de Israel não tem, como vimos, raízes no paganismo, Moisés foi o primeiro a concebê-lo [o monoteísmo]. Sua invenção pode ser explicada?".[5] Kaufmann, um filósofo não religioso, que trata os trechos narrativos sobrenaturais como mitos e invenções culturais, acaba admitindo que simplesmente não há como saber como essa ideia foi

---

[2] KAUFMANN, Y. *The Religion of Israel*: From its Beginnings to the Babylonian Exile. London: George Allen & Unwin, 1961, p. 230.

[3] KAUFMANN, 1961, p. 230.

[4] Kaufmann observa as tentativas de relacionar o monoteísmo israelita ao culto egípcio a Athon o qual, por sua vez, não pode ser classificado como monoteísta, mas como um tipo de monolatria ou culto henoteísta. Nesse caso, não se afirma um único deus universal como origem e causa da realidade. A monolatria é apenas devoção e lealdade a uma única divindade, entre outras.

[5] KAUFMANN, 1961, p. 225.

produzida na mente de Moisés.[6] O que se sabe é que o monoteísmo está estreitamente ligado a Moisés, especialmente às narrativas do Êxodo. A ruptura teológica entre um tipo de henoteísmo e o monoteísmo israelita está na "guerra contra o paganismo",[7] que teve início com Moisés em sua luta contra o Egito politeísta. Nos termos da revelação em Êxodo, "passarei pela terra do Egito e ferirei na terra do Egito todos os primogênitos, desde os homens até aos animais; executarei juízo sobre todos os deuses do Egito. Eu sou o SENHOR" (Êxodo 12:12). Nesse contexto, para os judeus religiosos e para os cristãos, a explicação para o enigma monoteísta é uma só: YHVH revelou-se como o Deus único. Por essa razão, o cânon bíblico não se preocupa em defender a existência de Deus. YHVH é um dado; simplesmente um fato. Deus não é derivado, pois tudo que existe deriva dele.

As implicações epistemológicas, antropológicas, metafísicas e cosmológicas do monoteísmo são totalmente diferentes daquelas do mundo pagão. O monoteísmo exigiria profunda mudança de paradigma. Tal mudança provou-se bem-sucedida ao longo da história. Deve-se reconhecer a influência da evangelização cristã sobre o Ocidente e as forças civilizatórias do monoteísmo semita,[8] embora não seja fácil dimensioná-la. Todavia, sem dúvida, o monoteísmo teve um potencial enorme de explicar, com muito mais coerência,[9] inúmeros fenômenos culturais, antropológicos, cosmológicos e inquietações espirituais profundas. Não apenas isso; o monoteísmo criou o contexto cultural adequado a modelos explanatórios unificados e à crença em certa unidade e previsibilidade dos fenômenos naturais observados.

Afirmar um único Deus como criador e origem do cosmos introduzia noções teológicas, antropológicas, cósmicas e sociológicas novas.

---

[6] KAUFMANN, 1961, p. 227.
[7] KAUFMANN, 1961, p. 223.
[8] CAHILL, Thomas. *A dádiva dos judeus*. Rio de Janeiro: Record, 1999.
[9] KUHN, Thomas. *A estrutura das revoluções científicas*. São Paulo: Perspectiva, 1997.

## TEOLOGIA: DEUS COMO AUTOR DO CONHECIMENTO

Algumas crenças monoteístas (ou seus desdobramentos) que tiveram profundo efeito na maneira como o Ocidente pensa são:

1. Soberania de Deus
2. Relativização de fenômenos temporais
3. Abrangência e integralidade
4. Unidade de vontade e história

Se Deus é um, não há mais a imprevisibilidade de diversas forças imanentes que regem e determinam o funcionamento da estrutura da realidade. A unidade de Deus pressupõe uma vontade estável e única. O mundo é mantido por um único poder. Não há divindades ou forças espirituais manipulando a natureza ou o destino das pessoas: "O salvador de Israel é o Senhor da história universal e o Criador do cosmos. Tudo está nas mãos desse único Deus".[10]

O monoteísmo impactou profundamente as noções cosmológicas. Ele tem um interessante potencial explanatório para a regularidade dos fenômenos naturais. Afinal, não existem forças arbitrárias por trás de seus fenômenos. Agora, a possibilidade de se perceberem padrões e ciclos astronômicos, biológicos, comportamentos animais e fenômenos naturais é ampliada. Também é possível perceber que, apesar da diversidade de fenômenos no mundo, todos estão, de alguma forma, inter-relacionados, formando uma espécie de unidade complexa, um sistema de relações. Em um esforço apologético para convencer os pagãos em relação ao Deus cristão, Atanásio elaborou a seguinte máxima: "A unidade da obra levará a crer na unidade do obreiro".[11]

A soberania transterritorial de Deus (Êxodo 19:5) subverte toda devoção a qualquer criatura (Deuteronômio 4:15-19), o que significa

---

[10] WESTERMANN, 2011, p. 43.
[11] ATANÁSIO, *Contra os pagãos*, II, 38.

que, agora, Israel tem condições de se relacionar com as coisas criadas sem ser absorvida por elas. Os bens criados são recebidos como dádivas, e não como divindades. Eles são relativizados ou, para ser mais preciso, normatizados. A lei dada por Deus a Moisés tinha a seguinte função básica: regular a relação do israelita com Deus, com os bens da criação, com o próximo e os povos vizinhos. Agora, "há um só Deus, um só amor, uma só lei".[12]

O monoteísmo também pressupõe certa universalidade de Deus. Deus afeta tudo, pois governa todas as coisas. Um Deus abrangente pressupõe amor e devoção integral por parte de seus adoradores. Pelo menos é isso que se encontra no *Shemá* (Deuteronômio 6:4), ou seja, a confissão sagrada do monoteísmo israelita: "Exige volição emocional (coração), personalidade espiritual (alma) e vigor mental e físico (força). Desse modo, inclui todo o espectro da essência humana. Nenhuma divisão de lealdade ou compartimentalização da vida ou da personalidade alcançará isso".[13]

A origem da irredutibilidade da epistemologia cristã encontra-se no monoteísmo bíblico: "Todos os outros seres existem somente dele, por ele e para ele". O monoteísmo cristão, herança da fé israelita revelada na história canônica, tem um importante valor epistemológico e cosmológico. Ao afirmar um Deus único, o monoteísmo sustenta uma única vontade e um único governo. Sendo o mundo uma realidade sob o governo do Deus único, isso encontra consonância com a regularidade, a harmonia e a beleza dos fenômenos naturais. O politeísmo, que implica a devoção a uma diversidade de poderes transcendentes, poderia resultar em certa imprevisibilidade agonística e em caos, uma vez que haveria disputa de vontades divinas:

---

[12] HOUSE, P. R. *Teologia do Antigo Testamento*. São Paulo: Vida Nova, 2009, p. 224.
[13] HOUSE, 2009, p. 225.

A ordem e a harmonia do universo levam necessariamente a conceber um Deus que comanda todas as coisas, e um Deus único, e não múltiplo [...] porque, se fossem vários a comandar a criação, uma tão bela ordem não se conservaria no universo; ao contrário, tudo estaria em desordem, por causa da pluralidade de chefes, cada um puxando todas as coisas para si e lutando contra os outros.[14]

Finalmente, o monoteísmo israelita introduziu a própria noção de história (Êxodo 12:2). Uma ruptura com a visão pagã de tempo cíclico e repetitivo. Agora, a história e o tempo são tratados de maneira teleológica, e o tempo pode ser escalonado e mensurado. O profetismo, ofício que só podia surgir no contexto do monoteísmo israelita, deriva da noção de uma vontade que controla os eventos históricos e caminha para um dado horizonte escatológico. Em grande medida, a ideia de progresso histórico, econômico ou tecnológico de nosso mundo contemporâneo é um tipo de *teleologia* profético-monoteísta secularizada.

## TRINDADE E EPISTEMOLOGIA

A mera observação da natureza nos levará, no máximo, a alguma coisa entre o deísmo ou uma espécie de teísmo. Mas, se quisermos avançar em uma epistemologia cristã, é necessário recorrer à revelação especial, reconhecer a revelação trinitária de Deus, para, enfim, retornar à atividade epistemológica:

A reflexão sobre a natureza revela inicialmente uma noção de Deus que poderia ser descrita como "deísta" — por exemplo, a ideia de uma "inteligência suprema" que trouxe o mundo à existência e expressou, ou impôs, sua ordem sobre ele. De uma perspectiva cristã, essa é uma noção severamente atenuada de Deus, que, claramente, requer amplificação e desenvolvimento

---

[14] ATANÁSIO, *Contra os pagãos*, II, 38.

adicional. Reconhecer que Deus permanece envolvido com a ordem criada conduz do deísmo ao teísmo; reconhecer que esse Deus escolheu tornar-se encarnado em Jesus de Nazaré leva do teísmo ao trinitarianismo.[15]

A concepção cristã de Deus oferece um paradigma ainda mais avançado. Como o cristianismo se funda na revelação do Deus de Israel por meio de sua *Palavra Encarnada* (João 1:14), no Messias previsto pelos profetas, algo a mais foi descortinado. Na verdade, a revelação de Deus, mediada pela encarnação do *Logos*, levou o monoteísmo às suas últimas consequências, uma vez que consumou o compromisso pactual de Deus com Abraão (Gênesis 17:4). A vocação universal do cristianismo tem raízes abraâmicas e monoteístas (Salmos 47:8-9). Entretanto, a vocação abraâmica encontrou impulso na reação da Igreja primitiva à "Raiz de Jessé", que atraiu as nações para si (Isaías 11:1,2,10). O Deus, outrora invisível, tornou-se visível em Jesus Cristo, seu Filho Unigênito (João 1:18). De fato, um conhecimento outrora inacessível sobre Deus passou a ser disponibilizado por Cristo (João 17:25-26).

A Igreja cristã, após longo e acurado debate sobre a revelação das Escrituras, rigorosamente organizou e sistematizou a noção trinitária de Deus. Deus é, desde a eternidade, Pai, Filho e Espírito Santo. Não obstante ele ser um Deus único, também se constitui em três pessoas que diferem entre si por suas funções e seus papéis relacionais. Sem distinções relacionais, não é possível distinguir cada uma das pessoas da Trindade. No que é chamada de *Trindade Ontológica* — a compreensão da Trindade no ser de Deus —, o Pai ama e gera o Filho continuamente, o Filho é gerado e amado pelo Pai, o Espírito Santo é o amor do Pai pelo Filho. A analogia do Amante, Amado e Amor foi amplamente explorada por Agostinho em sua obra *Trindade*.

---

[15] McGRATH, Alister *O ajuste fino do universo*: em busca de Deus na ciência e na teologia. Viçosa: Ultimato, 2009, p. 81.

## TEOLOGIA: DEUS COMO AUTOR DO CONHECIMENTO

A chamada *Trindade Econômica*, por sua vez, refere-se à revelação e à operação do Deus Trino no tempo e no espaço. O envolvimento de Pai, Filho e Espírito Santo na criação, por exemplo, diz respeito à Trindade Econômica. O Pai cria falando, o discurso divino é o Filho, o canal da ordem divina é o *Santo Vento* (Espírito Santo), que "pairava sobre as águas" (Gênesis 1:2). Também é possível apreciar a operação econômica da Trindade na Salvação. De acordo com Paulo em Efésios, é o Pai quem elege (Efésios 1:3-5); em Cristo, somos adotados e redimidos (vs. 5-7); e, no Espírito Santo, fomos selados com o Santo Espírito da Promessa (v. 13).

Por fim, quais são as implicações epistemológicas da Trindade? A Trindade fornece os seguintes *insights* para o modo cristão de conhecer:

1. Paradoxo
2. Unidade e diversidade
3. Relacionalidade
4. Comunidade
5. Mistério

A Trindade afirma a unidade de Deus, bem como suas singularidade, exclusividade e integridade. Ao mesmo tempo, afirma certa diversidade pessoal, uma vez que reconhece Pai, Filho e Espírito Santo como essenciais ao ser de Deus. Lembre-se: a Trindade é monoteísta, portanto "não são três deuses" (Credo de Atanásio).

Sem dúvida, há um limite cognitivo no ser humano, pois ele não consegue apreciar, simultaneamente, a unidade de Deus e cada uma de suas subsistências. Ao apreciar um aspecto, acaba por ignorar o outro e vice-versa. No entanto, o fato de haver um limite cognitivo não significa que tais perspectivas ontológicas não estejam ali presentes. Por exemplo, os seres humanos, intuitivamente, sabem que há um tipo de unidade que caracteriza todas as palmeiras. Do contrário, não seria possível identificá-las ou compará-las com outras árvores. Porém, mesmo reconhecendo as características gerais ou ideais de uma palmeira, nenhum ser humano ousaria afirmar que todas as palmeiras são exatamente iguais em suas particularidades. Veja que, nesse caso, unidade e diversidade estão simultaneamente presentes na identificação de uma palmeira.

O paradoxo não é ilógico; a contradição, sim. O paradoxo implica termos opostos que se harmonizam justamente por partirem de critérios de comparação distintos. A contradição, por sua vez, trata de termos opostos que se anulam mutuamente. Por exemplo, dizer que há um Deus e, ao mesmo tempo, três deuses é uma contradição de termos, portanto não é isso que afirma a Trindade. Segundo Bavinck, "a Trindade nos revela Deus como a plenitude da existência, a verdadeira vida, a beleza eterna. Em Deus, também há unidade em diversidade, e diversidade em unidade".[16]

A Trindade fornece um excelente modelo paradigmático para se lidar com as dualidades paradoxais, como, por exemplo, a transcendência e a imanência; a *providência* e a liberdade; a unidade e a diversidade; a coletividade e a individualidade; e assim por diante. A dualidade paradoxal unidade/diversidade é fundamental para a epistemologia cristã. Ela não tolera o monismo que dissolve toda diversidade de aspectos do mundo criado em uma unidade absoluta, mas também não admite uma pluralidade de entidades estanques sem qualquer unidade, relacionalidade ou integralidade entre si. A diversidade da criação está em consonância com a diversidade de pessoas na própria natureza trina de Deus; por outro lado, a unidade dessa diversidade relaciona-se com o fato de que o Deus único é a origem e o regente de toda realidade. O cântico de Paulo, no primeiro capítulo de sua epístola aos Colossenses, expressa bem essa convergência e essa abrangência cristológicas:

---

[16] Bavinck, 2012, p. 337.

## TEOLOGIA: DEUS COMO AUTOR DO CONHECIMENTO

Este é a imagem do Deus invisível, o primogênito de toda a criação; pois, nele, foram criadas todas as coisas, nos céus e sobre a terra, as visíveis e as invisíveis, sejam tronos, sejam soberanias, quer principados, quer potestades. Tudo foi criado por meio dele e para ele. Ele é antes de todas as coisas. Nele, tudo subsiste. Ele é a cabeça do corpo, que é a igreja. Ele é o princípio, o primogênito dentre os mortos, para em todas as coisas ter a primazia, porque aprouve a Deus que, nele, habitasse toda a plenitude e, por meio dele, reconciliasse consigo todas as coisas, quer sobre a terra, quer nos céus, estabelecendo a paz pelo seu sangue derramado na cruz (Colossenses 1:15-20).

Em sentido agostiniano, o fundamento da Trindade é o amor. Um amor que se expressa pela dádiva entre as pessoas da Trindade. O Filho recebe do Pai a criação (Colossenses 1:16), recebeu o Espírito Santo (Mateus 3:16-17) em seu batismo e toda autoridade lhe foi dada (Mateus 28:18). A relação intratrinitária baseia-se, toda ela, em permuta, trocas e graças mútuas. Da mesma forma, o mundo é estruturado por uma rede de dádivas e trocas. Considere os processos metabólicos do corpo, as trocas celulares, os insetos polinizando as flores em troca de néctar, fotossíntese, permutas econômicas, a internet e assim por diante. O mundo natural, cultural e social é todo estruturado por uma lógica de relações de intercâmbio, "dar e receber" — essa seria uma linguagem pactual derivada da própria Trindade.[17] A Trindade é exatamente isto: uma relação interpessoal e eterna de amor.

Para os primeiros cristãos, a palavra "pessoa" expressava a individualidade do ser humano, vista por intermédio de suas palavras e ações. Acima de tudo, dava-se certa ênfase à ideia de relacionamento social. Uma pessoa é alguém que interpreta um papel no drama social, alguém que se relaciona

---

[17] SMITH, Ralph A. *The Eternal Covenant*: How the Trinity Reshapes Covenant Theology. Moscow, ID: Canon, 2003.

com outras pessoas. A pessoa tem um papel a ser interpretado dentro de uma rede de relacionamentos sociais.[18]

O princípio da relacionalidade está no fundamento da noção de Deus como comunidade. Isso significa que, antes de qualquer família terrena ser criada, Deus era uma comunidade com diferentes atores sociais desde a eternidade. Por essa razão, Deus viu que não era bom que Adão estivesse só (Gênesis 2:18). Qual era a referência utilizada por Deus para considerar um problema a solidão adâmica? Ele mesmo era a referência. Deus não é solitário. Tal princípio abre um interessante critério sobre a importância da comunidade no cristianismo, inclusive como uma rede de relações e trocas relacionais, simbólicas e de sabedoria acumulada. Lembre-se do conceito de "comunidade epistêmica",[19] que está em consonância com a concepção trina de Deus do cristianismo.

Alister McGrath[20] sugere a estrutura simplificada de uma teologia natural, baseada em deísmo, teísmo e Trindade. Cada uma dessas concepções fornece níveis cada vez mais profundos e coerentes a respeito de Deus e, portanto, do ser humano e da realidade. O deísmo reconhece Deus como a origem da realidade, mas não reconhece a operação contínua e providencial de Deus sobre ela. O teísmo, por sua vez, reconhece a origem e a *providência*, mas somente o trinitarianismo afirma a autor-revelação de Deus em Cristo, em uma operação especial, na qual Deus se faz conhecido pela atuação temporal e histórica do Espírito Santo. A combinação entre revelação cristológica e operação pneumatológica,[21]

---

[18] McGRATH, Alister. *Teologia sistemática, histórica e filosófica*: uma introdução à teologia cristã. São Paulo: Shedd, 2007, p. 219.

[19] A Igreja como uma comunidade epistêmica será um tema amplamente tratado nos capítulos seguintes.

[20] McGRATH, 2009, p. 88-89.

[21] A pneumatologia é uma disciplina teológica que se dedica ao tema, à pessoa e à obra do Espírito Santo.

na leitura histórica do cânon, forma o *depositum fidei* e a gramática (os limites comunicacionais) da Igreja como uma comunidade epistêmica. No fim, "o mesmo Deus que se revela também está embutido no processo de interpretação que possibilita que a revelação seja conhecida como revelação".[22]

Finalmente, a noção da Trindade como mistério. O senso comum costuma empregar esse termo para justificar a ignorância ou a inacessibilidade da doutrina da Trindade. Porém, historicamente, o cristianismo não usa o termo com esse sentido. O mistério exige humildade epistêmica. Embora seja a melhor coisa que temos, é necessário reconhecer que as explanações trinitárias são limitadas. Operamos a partir do que nos foi dado e revelado. Há limites para compreender Deus. E não somente ele; há muitas camadas sobre a realidade que ainda são insondáveis para nós. O universo é grande demais para esgotarmos sua compreensão. O mistério é um importante critério epistemológico, pois coloca o sujeito que conhece em uma posição de maravilhamento e modéstia diante do que é insondável e inesgotável. Nesse sentido, Jonas Madureira afirma que "o teólogo só terá condições de falar dignamente sobre Deus se tiver temor e humildade".[23] Acredito que esse princípio de virtude teológica oferece um excelente subsídio moral, não apenas para a teologia, mas para toda atividade intelectual operada por um cristão.

---

[22] McGrath, 2009, p. 88.

[23] Madureira, J. *A inteligência humilhada*. São Paulo: Vida Nova, 2017, p. 47.

CAPÍTULO 5

# COSMOLOGIA: CRIAÇÃO COMO PALCO DO CONHECIMENTO

A cosmologia é um campo do conhecimento teológico e filosófico que lida com as questões relacionadas diretamente ao "cosmos", ou seja, a tudo que não é o Criador. Fora do Criador, só há criaturas: os anjos, os demônios, os astros, o universo dos minerais, os fenômenos físico-químicos, as plantas, os animais, o ser humano e a atividade intelectual e cultural. Sob um ponto de vista cristão, *a cosmologia lida com a realidade como estrutura criada e sustentada por Deus.*

A cosmologia é um campo de grande importância para a epistemologia, uma vez que todo conhecimento humano sempre é mediado, dirigido e operado dentro da estrutura da criação. Quando se revela aos seres humanos, Deus o faz dentro do horizonte da criação e adota uma linguagem compreensível e contextualizada.

Os cristãos creem que o Deus Trino é a causa e a origem da realidade. Mas essa é uma afirmação que não pode ser banalizada. O esforço epistemológico sempre parte de uma noção de causa, mesmo nos níveis básicos. Por isso, o motivo-base cristão determina a epistemologia e, por consequência, a qualidade da interação do pensador com seu objeto ou campo de conhecimento. Se Deus é a causa, a origem e o mantenedor absoluto de todo o cosmos, nenhuma criatura pode ser tratada como ponto de partida epistêmico. Se Deus é absoluto, todo o resto deve ser compreendido em relação a ele. Nada que está relacionado a Deus pode ser evocado como sendo Deus, no sentido de ocupar um lugar superior ao que outras criaturas ocupam. Tudo que está fora de Deus, para que assuma sua finalidade e seu propósito, precisa ser compreendido à sua luz.

## REALIDADE E PALAVRA

O Credo Apostólico afirma: "Creio em Deus Pai Todo-Poderoso, Criador dos céus e da terra". Os cristãos começam sua confissão de fé mais antiga com uma declaração categórica que abrange três atributos relacionados à divindade: paternidade, onipotência e criatividade. Essa afirmação tem raiz na revelação das Escrituras Sagradas. A Bíblia Hebraica começa com a seguinte afirmação: "No princípio, criou Deus o céu e a terra" (Gênesis 1:1). O preâmbulo bíblico expande-se em uma série de atos declaratórios divinos, como se percebe no padrão "vayomer Elohim" ("disse Deus"). A linguagem adotada em Gênesis remete a um rei declarando seus decretos governamentais. Essa imagem é familiar, considerando-se o contexto em que Gênesis foi escrito.[1] Deus está imprimindo seu governo sobre o "caos e o vazio" (Gênesis 1:2) e faz isso através da Palavra. O discurso divino separa, ordena, atribui e nomeia: "Pois ele falou, e tudo se fez; ele ordenou, e tudo passou a existir" (Salmos 33:9).

A Bíblia Hebraica traz uma informação fundamental à cosmologia e à metafísica cristã: tudo que existe deriva sua existência do discurso divino. As coisas não *são* por causa de uma essência ou de uma substância independente de sua origem. Elas *são* o que Deus diz que são. O fundamento ontológico da realidade e a identidade das diferentes criaturas dependem do comando divino, ou seja, de sua Palavra. Posteriormente, na tradição bíblico-hebraica, já nos tempos da realeza israelita, a Palavra seria associada à Sabedoria divina (tema abordado em outro capítulo). A

---

[1] WALTON, J. *O mundo perdido de Adão e Eva*. Viçosa: Ultimato, 2015.

## COSMOLOGIA: CRIAÇÃO COMO PALCO DO CONHECIMENTO 83

aproximação entre Sabedoria/Palavra e cosmologia pode ser detectada na famosa poesia do capítulo 8 do livro de Provérbios:

> O Senhor me possuía no início de sua obra, antes de suas obras mais antigas. Desde a eternidade fui estabelecida, desde o princípio, antes do começo da terra [...] Quando ele preparava os céus, ali estava eu; quando traçava o horizonte sobre a face do abismo [...] então eu estava com ele e era seu arquiteto (Provérbios 8:22,23,27,30).

A cosmologia israelita concebia a noção de uma realidade dada e governada. Observa-se isso já de início, pelo tom de decreto em Gênesis e pela sabedoria salomônica presente na poesia didática e monárquica de Provérbios. A sabedoria estava mais associada a governo do que a engenho. Ser sábio implicaria uma gestão da própria existência, uma mordomia da vida no horizonte da criação.

As implicações filosóficas e teológicas de uma realidade originada no discurso são muito interessantes. A criação pelo discurso assume uma conotação pessoal e relacional. O ato divino é comunicativo, de modo que exige uma resposta de sua criação. A Palavra de Deus é uma *elocução*, a expressão do pensamento e da sabedoria divina:

> Se o pensamento de Deus é primário, e se toda criação é para ser entendida simplesmente como o fluxo do pensamento divino, uma vez que todas as coisas vieram a existir e continuam existindo por meio do Logos, ou seja, pela razão divina, ou mais particularmente, por meio da Palavra, então isso se deve ao fato de que o pensamento divino deva estar incorporado em todas as coisas criadas. Assim, não deve haver nada no universo que falhe em expressar ou encarnar a revelação do pensamento de Deus.[2]

---

[2] Kuyper, A. *Wisdom & Wonder*. Grand Rapids: Christian's Library Press, 2017.

Dentro da tradição cristã, a Palavra-Sabedoria torna-se o *Logos* (princípio da realidade) grego, porém sob os pilares da revelação canônica da Bíblia Hebraica (Antigo Testamento). Esse entendimento desenvolve-se até assumir uma conotação cristológica, da forma como se encontra no prólogo do Evangelho de João: "No princípio, aquele que é a Palavra já existia. A Palavra estava com Deus, e a Palavra era Deus. Ele existia no princípio com Deus. Por meio dele, Deus criou todas as coisas e, sem ele, nada foi criado" (João 1:1-3, NVT).

A Palavra-Sabedoria de Deus orienta o propósito (*telos*), a finalidade de cada criatura em seu mundo. Percebe-se isso com clareza nas ciências naturais, em sua tarefa de descrever os fenômenos a partir de processos regulares. As ciências naturais operam contando com leis, ou seja, com certa previsibilidade lógica dos fenômenos observáveis. Thomas F. Torrance, em seu livro *Reality and Scientific Theology* (1985), oferece uma importante distinção entre o que ele chama de *atitude mental clássica* e *atitude mental moderna.*

A atitude moderna tenta impor sobre o objeto e a instância do ser a subjetividade do sujeito epistêmico.[3] Nesse caso, o conhecimento não é deduzido de uma realidade ou de uma causa externa, mas de forma indutiva, sendo construído e imposto. Antes, encontra-se a atitude clássica, que se posiciona de modo a reconhecer que as regras que determinam o jogo lógico e o conhecimento derivam da interação com uma realidade dada e governada. A elevada atribuição às leis naturais resultaria no naturalismo e no completo fechamento a qualquer tipo de conhecimento que tivesse origem transcendental.

Basicamente, a diferença entre a atitude mental clássica e a moderna é que, na primeira, a ontologia determina a epistemologia; já na segunda, a epistemologia é que determina a ontologia. O homem moderno procura

---

[3] O sujeito epistêmico é um termo da filosofia relacionado ao *sujeito que pensa.*

## COSMOLOGIA: CRIAÇÃO COMO PALCO DO CONHECIMENTO

impor à realidade uma teia de sentidos, com a pretensão de moldar a realidade conforme determinadas regras impostas pelo sujeito. Para o homem clássico, porém, as operações mentais devem adaptar-se e ser determinadas pela dinâmica imposta pela realidade.

Torrance percebe, principalmente a partir da Reforma Protestante, que é oferecido um caminho alternativo. A ontologia e a epistemologia devem integrar-se, pois as regras operacionais da cognição também são derivadas da interação entre sujeito e realidade. E apesar de o sujeito desfrutar alguma liberdade sobre os objetos, a realidade sempre é contida pelos limites da ordem criada: "Certamente, o universo, da forma como o conhecemos, é de um tipo em que ser e conhecer estão mutuamente relacionados e condicionados, e a realidade inteligível e a investigação inteligente estão correlacionadas".[4] O conhecimento não vem por construção subjetiva nem por subordinação passiva aos estímulos recebidos da realidade, mas por um tipo de *relação dialógica* entre sujeito e objeto.[5] A realidade é um chamado, um convite, e o sujeito se vê na irresistível obrigação de oferecer uma resposta ao discurso presente na estrutura da criação (Salmos 29). O que determina a qualidade de uma epistemologia é sua cosmologia e metafísica (ontologia). O modo como o sujeito interage com um dado objeto para conhecê-lo depende, em grande medida, de como ele concebe o cosmos no qual tanto o sujeito como o objeto se situam. Cosmologias diferentes resultam em epistemologias diferentes.

Algumas cosmologias foram determinantes no Ocidente, e cada uma delas trouxe efeitos epistemológicos igualmente distintos:

**1. Panteísmo:** Concebe que os seres e/ou os fenômenos da natureza são divinos ou habitados por entidades ou forças espirituais. Nesse caso, a divindade (ou divindades) é imanente, habita, determina ou é o próprio

---

[4] TORRANCE, 1985, p. 3.
[5] TORRANCE, 1985, p. 14.

ente. Os panteístas sacralizam as contingências e veneram a diversidade da realidade, atribuindo-lhe poderes divinos. Para um panteísta, a realidade não foi criada nem é habitada; ela é a divindade. Muitas religiões politeístas na teologia podem ser panteístas na cosmologia.

**2. Monismo:** Afirma que todas as diferenças ou os aspectos distintos percebidos na experiência humana são meras ilusões, pois a realidade é *una*, uma mônada, portadora de uma única substância. Transcendência e imanência se fundem. Em geral, o monismo é um tipo de reação ao dualismo. Existem tipos de monismos que são basicamente panteístas. O esforço monista consiste não em reconhecer as diferentes dimensões ou aspectos de um dado objeto, mas em superar as alegadas ilusões sensoriais que insistem em ler a realidade de forma pluralista ou multiaspectual.

**3. Dualismo:** No esforço de evitar o panteísmo ou o monismo, os dualistas propõem uma distinção radical entre imanência e transcendência. Nesse caso, o dualista tende a afirmar uma dimensão superior tão radicalmente desintegrada da dimensão inferior que esta adquire certa independência em relação àquela. Por outro lado, há dualistas que, em um esforço de afirmação da transcendência, distanciam-se da realidade imanente, quase negando-a ou tratando-a como uma dimensão profana a ser superada.

**4. Naturalismo:** O naturalismo pode ser o resultado histórico inevitável do dualismo. Uma vez que uma distinção radical entre as duas dimensões abre um precedente perigoso de autonomia da *fisis* (natureza), nesse caso, a dimensão sobrenatural ou transcendente pode ser dispensada. O deísmo e o naturalismo caminham de mãos dadas. Para o naturalista, uma vez que a ordem natural opera por meio de leis previsíveis, se Deus existe ou não, isso é irrelevante. O esforço naturalista consiste em conhecer a realidade por meio de observação, registro e manipulação das estruturas e leis imanentes. Existem várias correntes teóricas que são

## COSMOLOGIA: CRIAÇÃO COMO PALCO DO CONHECIMENTO

naturalistas. Por exemplo, o materialismo tende a ser naturalista, uma vez que concebe a realidade material como fundamento de toda realidade.

É importante mencionar que o naturalismo tem raízes no cristianismo, porém, por causa do deísmo, acabou desaguando em um tipo de secularismo. Historicamente, foram os cristãos que abriram a possibilidade de estudo da natureza ao afirmarem a bondade da criação e a regularidade das leis naturais. Porém, o dualismo aristotélico, que penetrou no pensamento filosófico e científico durante a Renascença (século 16) e o início da Modernidade (século 17), pavimentou o caminho para o deísmo e, por fim, para o naturalismo.

Não há dúvida de que métodos científicos podem levar um cientista cristão e um ateu a resultados semelhantes. A razão é que, graças a Deus, há certa regularidade, *providência* e leis universais que estruturam o mundo. A diferença está justamente no fato de que os cristãos e ateus lidam de maneiras distintas com o resultado de seus trabalhos. Os horizontes metafísico e teleológico[6] do cristão e de um não cristão são completamente diferentes, pois eles operam segundo bases religiosas e cosmológicas completamente distintas: "O observador que está comprometido antecipadamente a ver o mundo como desprovido de qualquer dimensão transcendente 'verá' a natureza de uma forma significantemente distinta de outro observador que contempla esse mesmo mundo e o 'vê' como ricamente firmado com vestígios e imagens do divino".[7]

## REALIDADE E TRINDADE

Reconhecer a Trindade como origem da realidade fornece ricos *insights* cosmológicos, como, por exemplo, a importante relação entre *unidade* e *diversidade* na estrutura da criação. A Trindade evita que o pêndulo

---

6 Teleologia diz respeito ao *telos*, ou seja, propósito ou finalidade.
7 McGrath, 2019, p. 79.

cosmológico se incline ao monismo (unidade) ou ao panteísmo (diversidade). A Trindade procura reconhecer a diversidade e a identidade dos diferentes seres, aspectos e esferas da criação, porém sem perder o horizonte de que o Deus único é o responsável por manter essa diversidade integrada sob seus decretos: "O fundamento tanto da diversidade como da unidade está em Deus. Foi ele quem criou todas as coisas, de acordo com sua sabedoria insondável, continuamente sustentando-as em naturezas distintas, dirigindo-as e governando-as, além de mantê-las com suas energias e leis naturais".[8] Bavinck ainda enfatiza que a distinção evidente e necessária entre os seres e criaturas apresenta um "vínculo orgânico" e uma "variedade de relações" entre si.

A Trindade também reconhece a operação imanente de Deus por meio do Espírito Santo em conduzir e manter providencialmente o funcionamento do mundo. De acordo com João Calvino:

> A fé deve penetrar mais fundo; assim como aprendeu que Aquele é criador de todas as coisas, deve concluir imediatamente que também é moderador e conservador perpétuo, e isso não acionando com certo movimento universal tal máquina e cada uma de suas partes, mas sustentando, protegendo e cuidando, com certa singular *providência*, cada uma das coisas que criou, até mesmo o menor pássaro.[9]

O que o naturalismo ignora é que, como Deus é relacional em sua natureza trina, parece razoável considerar que a realidade seja estruturada dessa maneira. O naturalismo reconhece os decretos, mas não reconhece o Rei que os decretou. Cada dimensão, cada aspecto e cada ser operam nos limites de sua condição ôntica, ou seja, dentro do que Deus determinou. Só é possível distinguir os diferentes aspectos, culturas e leis porque

---

[8] BAVINCK, 2012, p. 445.
[9] CALVINO, *Institutas*, I, XVI, 1.

## COSMOLOGIA: CRIAÇÃO COMO PALCO DO CONHECIMENTO

há "uma totalidade coerente de estruturas de individualidade, que inclui toda sorte de coisas, plantas, animais e seres humanos, bem como seus relacionamentos sociais".[10]

A tradição neocalvinista tem aprofundado a noção de que a realidade é mantida pelo governo ativo de Deus. Considera, inclusive, que a norma divina não é um tipo de impedimento para a liberdade, mas que a liberdade só encontra sua expressão nos limites funcionais da lei de Deus:

> toda vida criada necessariamente traz em si mesma uma lei para sua existência, instituída pelo próprio Deus. Não há vida na natureza exterior a nós sem tais ordenanças divinas — ordenanças que são chamadas de leis da natureza, um termo que estamos dispostos a aceitar, desde que entendamos, com isso, não as leis que se originam na natureza, mas as leis impostas sobre a natureza [...]. E, assim, logicamente, há ordenanças de Deus para regular nossos pensamentos; ordenanças de Deus para nossa imaginação no campo da estética; e também ordenanças estritas de Deus para toda a vida humana no campo da moral.[11]

A diversidade experimentada no horizonte da criação relaciona-se com o próprio Deus, aludindo à diversidade de pessoas (diversidade hipostática) existentes em seu próprio ser. A diversidade da criação tem origem nos princípios-leis que preservam a identidade e a particularidade de cada um desses seres, de modo a regular e qualificar as diferentes relações entre eles.

O Criador é eterno, transcendente, ou seja, ele está para além do tempo e do espaço criados. As criaturas humanas, por sua vez, habitam a "ordem temporal" ou o "horizonte temporal da experiência humana". Como já assinalado, Deus revela e exibe sua glória no tempo e no espaço

---

[10] KALSBEEK, 2015, p. 62.
[11] KUYPER, 2002, p. 78.

como que lançando sua luz pelos vitrais da catedral da criação. Ao penetrar no tempo e no espaço, sua luz refrata-se em uma diversidade de "aspectos modais".[12]

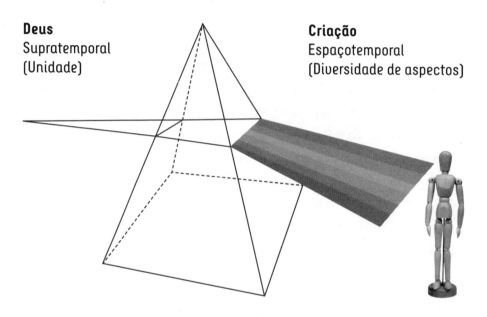

**Deus**
Supratemporal
(Unidade)

**Criação**
Espaçotemporal
(Diversidade de aspectos)

Por *aspectos modais* (modalidades), entendem-se fenômenos, objetos, estruturas ou aspectos da criação de Deus que são observados ou experimentados em características identificáveis e que, portanto, podem ser agrupados ou distinguidos uns dos outros. A glória de Deus se apresenta de muitos modos e de forma diversa às suas criaturas: "Na ordem do tempo, a lei divina para a criação apresenta uma grande diversidade de modalidades".[13] Por isso, afirma-se que a criação de Deus é multiaspectual ou multidimensional. E justamente por causa da diversidade da ordem criada, é possível perceber e classificar os fenômenos em seus aspectos (modos) físicos, químicos, lógicos e matemáticos, temporais, orgânicos, psicológicos, econômicos, culturais, éticos, sociais e assim por diante. Foi

---

[12] DOOYEWEERD, 2010, p. 54.
[13] DOOYEWEERD, 2010, p. 56.

por causa dessa complexidade da realidade que a ciência e o conhecimento formal criaram a divisão analítica em disciplinas acadêmicas da forma como se conhece nos ensinos básico e superior.

Dooyeweerd percebe que, na experiência humana com a realidade, há certa hierarquia entre os aspectos modais básicos e aqueles mais complexos. A ideia é que, na escala modal, os aspectos posteriores derivam sua estrutura dos aspectos anteriores, porém eles são distintos, por possuírem características estruturais peculiares. Por exemplo, o aspecto biótico (biológico) de um organismo encontra-se em sua estrutura orgânica, a qual, por sua vez, é derivada do aspecto físico-químico. O aspecto psíquico ou sensorial do ser humano deriva sua estrutura da origem biológica. Não seria correto abordar a psiquê considerando apenas os processos biológicos, mas também não seria correto ignorá-los. Finalmente, não é possível abordar o aspecto linguístico sem levar em conta sua dependência dos aspectos culturais (histórico/formativo), lógico e psíquico.

**Aspectos (esferas) modais**
15. Pístico (religião)
14. Ético (ética social)
13. Jurídico (direito/política)
12. Estético (artes/arquitetura)
11. Econômico
10. Social
9. Linguístico/semiótico
8. Histórico/formativo
7. Lógico
6. Psíquico/sensorial
5. Biótico
4. Físico
3. Cinemático
2. Espacial
1. Numérico

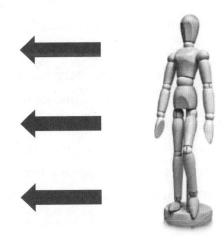

Lembre-se de que o ser humano, por ter sido feito à imagem de Deus, é o único ser em condições de perceber a diversidade dos aspectos modais dispostos na realidade. Entretanto, o que ele não pode reconhecer apenas por observar tais aspectos é que o Deus revelado nas Escrituras é a origem de tudo isso. Nesse sentido, a plena apreciação doxológica dos aspectos modais só é possível para aqueles se encontram em Jesus Cristo, o Mediador de toda a criação, por quem e para quem todas as coisas foram criadas.

Agora, observe os aspectos modais apresentados na figura, lendo-os de baixo para cima, em sua ordem. Veja como, de fato, o aspecto numérico, ou seja, a experiência de quantificação (que lida com a ordem e a grandeza numérica), é o aspecto modal mais básico, além de constituir pré-requisito para que alguém consiga identificar a dimensão espacial, o aspecto modal seguinte. Da mesma forma, observe como, sem a noção de espaço, não é possível perceber o aspecto do movimento (cinemático); igualmente, sem a noção de movimento e os outros aspectos anteriores, não é possível perceber a dimensão física, a biótica (biológica ou orgânica), a psíquica e assim por diante. Agora, antecipe-se e olhe os aspectos modais superiores (as esferas pística, ética e jurídica). Eles lidam com dimensões ainda mais complexas e mais dependentes de todos os aspectos modais anteriores.

Herman Dooyeweerd não pretendia criar um modelo doutrinário e dogmático, mas tão somente um esquema filosófico baseado em intuições derivadas da revelação bíblica e de sua cosmologia. Sua conclusão é que, quando se olha para a realidade, percebe-se que ela é habitada e estruturada por múltiplos aspectos. Parece óbvio que uma pedra é distinta de uma planta; ao mesmo tempo, é possível observar uma planta em seus aspectos básicos até seus aspectos bióticos, além de perceber certa dependência entre os diferentes aspectos entre si e as distintas esferas da criação.

## COSMOLOGIA: CRIAÇÃO COMO PALCO DO CONHECIMENTO

A cosmologia compartilhada por Dooyeweerd é de alta relevância para a epistemologia cristã. Ao reconhecer em Deus a origem de toda diversidade dos aspectos modais, ela impede que o cristão caia nas armadilhas do reducionismo teórico, tão comum nas abordagens científicas seculares. Para evitar a idolatria teórica, é necessário reconhecer a pulsão religiosa inata, ser iluminado pela Palavra-Revelação e conectar-se com Deus pela mediação de Cristo, no poder do Espírito Santo, para, enfim, abordar um campo ou um objeto científico sob um olhar multidimensional. Essa é uma posição vantajosa do cristão em termos de seu engajamento acadêmico, intelectual e científico. O modo cristão de pensar o ser humano e a realidade é irredutível, justamente por reconhecer em Deus a causa e a origem una de toda realidade a ser intelectualmente explorada.

CAPÍTULO 6

# ANTROPOLOGIA: O SER HUMANO COMO ATOR DO CONHECIMENTO

Ao assumir a revelação de Deus a partir das Escrituras — ou seja, as Escrituras como ponto de partida para todo conhecimento —, observa-se a existência das condições adequadas para, a partir da iluminação da Palavra de Deus, discernir o que é o ser humano. A revelação canônica fornece importantes referências antropológicas sobre origem, condição, vocação e propósito da vida humana. Saber o que é o ser humano tem importância fundamental para o intelectual cristão, pois, assim, ele terá algum tipo de clareza sobre sua vocação humana, bem como sobre seu papel em relação a seu semelhante.

O problema antropológico não é uma exclusividade do cristianismo. A filosofia, as ciências exatas, naturais e humanas estão sempre se debruçando sobre temas relacionados à natureza e à finalidade do ser humano. A antropologia filosófica, por exemplo, cresceu de forma significativa no período do pós-guerra graças ao existencialismo. A razão se deve justamente ao escândalo relativo aos campos de extermínio e às mortes em massa que ocorreram nesse período sombrio da história ocidental. Foi uma antropologia distorcida, baseada em superioridade racial, que, em grande medida, justificou o experimento nazista. A crise antropológica resultante estimulou os grandes debates existencialistas da segunda metade do século 20, cujo problema básico era: *O que é o ser humano?*

Herman Dooyeweerd (1894—1977) desenvolve uma excelente explicação do esforço e do fracasso das escolas filosóficas europeias no sentido de definir o que é o ser humano: "uma reflexão filosófica que não se direciona à relação religiosa central será obrigada a buscar o ego no horizonte temporal de nossa experiência, a fim de evitar um resultado niilista".[1] O filósofo cristão holandês quer dizer que, se, de fato, o ser humano foi criado à imagem de Deus, e se sua existência floresce e só adquire sentido pleno nele, qualquer tentativa de explicar o que é a pessoa humana sem o reconhecimento de sua inclinação religiosa fracassará. O niilismo é a completa perda de sentido, um sentimento insuportável que acaba obrigando o indivíduo a eleger um bem temporal, na tentativa de encontrar alguma quietude epistêmica.

Por subestimarem a pulsão religiosa inata, todas as tentativas de oferecer uma explicação científica ou puramente filosófica para o que é o ser humano fracassaram. Ao obscurecer sua inclinação espiritual, cientistas e filósofos foram obrigados a buscar um tipo de explicação antropológica na ciência, na natureza ou na razão (o que Dooyeweerd chama de horizonte temporal da experiência). Eles foram em busca de um absoluto entre os bens temporais relativos.

Os filósofos sabem que, sem um centro de sentido, o niilismo torna-se inevitável, o que teria consequências catastróficas tanto para o indivíduo como para a vida em sociedade. Os niilistas tendem a ser teoricamente niilistas, mas, na prática, não se negam a desfrutar os benefícios de certa estabilidade social, moral, cultural ou institucional — estabilidade fundada em sistemas coletivos de sentido. Ainda assim, procuram algum conforto para si mesmos na "convicção" de que, não havendo sentido algum, cada indivíduo poderia atribuir sua própria direção para a vida. Bem, isso certamente é um tipo de crença. Parece que a fé em um

---

[1] DOOYEWEERD, 2010, p. 81.

## ANTROPOLOGIA: O SER HUMANO COMO ATOR DO CONHECIMENTO

absoluto é realmente inescapável até mesmo para os niilistas. Nesse ponto, Dooyeweerd foi preciso em sua conclusão. O cristão entende que a origem do homem situa-se para além dos fenômenos observados pelos sentidos. Explicar o ser humano a partir de alguma coisa que foi criada por Deus seria cair em um tipo de antropologia reducionista. O ser humano é, para os cristãos, uma criatura singular: sua natureza repousa na vocação de criatura feita à imagem de Deus.

Também pelos motivos já mencionados, a ciência e a filosofia tendem a reduzir o conceito de ser humano a seus paradigmas e teorias. Em geral, o ser humano tende a ser reduzido às categorias de cada campo do conhecimento: na biologia, a categorias bioquímicas; na economia, à relação da pessoa humana com o acúmulo de recursos materiais; na antropologia cultural, ao culturalismo; na psicologia, ao aparelho psíquico e assim por diante. O argumento cristão para evitar esses reducionismos seria a admissão explícita de que, apesar de relacionado a todos esses aspectos, o ser humano não pode ser reduzido a nenhum deles. A única saída seria admitir uma origem transcendente e, por fim, converter-se a Deus: "Humilhe-se, fraca razão! Esteja em silêncio, tola natureza! Aprenda que a humanidade infinitamente transcende a humanidade e ouça de seu Mestre sua verdadeira condição, da qual você está inconsciente!".[2]

## IMAGO DEI

Os cristãos procuram nas Escrituras a fonte de discernimento e compreensão do que é o ser humano. Os cristãos são explícitos: uma antropologia cristã deveria ter raiz bíblica. A Bíblia é a "Palavra-Revelação", o principal meio pelo qual Deus revelou seu caráter, sua natureza e sua salvação. E, claro, na medida em que Deus se revela nas Escrituras, ele

---

[2] PASCOAL, Blaise. *Pensées and Other Writings.* Oxford: Oxford Univeristy Press, 1995, p. 52.

também acaba por descortinar a origem e a finalidade do ser humano. Com base nisso, uma antropologia cristã seria conceituada nos seguintes termos:

> O homem foi criado à imagem de Deus. E, assim como Deus é a origem absoluta de tudo que existe fora de si mesmo, ele criou o homem como um ser em quem a inteira diversidade dos aspectos e faculdades do mundo temporal está concentrada no centro religioso de sua existência. Esse centro é aquele que denominamos como nosso eu, aquele que as Escrituras Sagradas chamam, em um sentido religioso, de coração.[3]

Como já antecipado, de acordo com as Escrituras, Deus criou o ser humano à sua imagem e à sua semelhança (Gênesis 1:26). Sua "semelhança" com Deus também se expressa pelo discernimento humano sobre o mundo e sua capacidade de contemplar, experimentar, racionalizar e transformar a realidade. Deus não só criou o mundo, como também colocou um ser que pudesse desfrutá-lo, vê-lo e experimentá-lo em todas suas matizes, cores, cheiros, sentidos e possibilidades. O ser humano é o único ser em condições de ter uma relação de sentido com a criação, precisamente por sua semelhança com o Criador. Em sua condição biológica, partilha características semelhantes com as outras criaturas, porém, por causa de sua semelhança com Deus, ele se encontra em uma posição sacerdotal em relação aos outros seres.[4] Tal similaridade é o que o coloca simultaneamente na criação e para além dela, conferindo-lhe o privilégio de ter uma perspectiva e uma relação integral com a realidade criada: "O humano não é o próprio divino, mas é uma impressão finita criada do divino. Tudo o que está em Deus — sua essência espiritual, suas virtudes e perfeições, suas autodistinções imanentes, sua autocomunicação e

---

[3] Dooyeweerd, 2010, p. 259.
[4] Walton, 2015.

## ANTROPOLOGIA: O SER HUMANO COMO ATOR DO CONHECIMENTO

autorrevelação na criação — encontra analogia e semelhança reconhecidamente limitadas na humanidade".[5]

Por ser a *imagem* de Deus, o próprio termo exige certa dependência. Uma imagem depende de um original, de uma referência ou de uma matriz. Uma vez que há necessidade de correspondência entre aquele que é a imagem e seu modelo, o pior lugar para o ser humano estar é longe de uma relação com aquele que é a fonte de sua identidade. Ser a imagem de Deus exige manter-se diante daquele a quem deve refletir:

> Ser imagem de Deus é viver em relacionamento com Deus. De acordo com Gênesis, não é somente o rei que tem acesso aos deuses: toda a humanidade tem um relacionamento com o Deus único e criador. E, se Deus constantemente põe em ordem as coisas mediante sua palavra, então a vida humana é para ser uma vida de constante resposta a ele. Responder a Deus, viver em comunhão com ele e desfrutá-lo são elementos essenciais do que significa ser humano.[6]

Ser imagem tem o sentido, ao mesmo tempo, de um culto passivo e ativo. Na medida em que o ser humano conhece a Deus e se maravilha com sua glória (sentido passivo), ele tende a refletir quem Deus é no mundo (sentido ativo). O ser humano projeta o Deus a quem adora/conhece e o faz conhecido por palavras, ações no mundo e pela qualidade de suas relações com o próximo. Em um sentido passivo, o ser humano deve conhecer, adorar e se maravilhar com o que Deus dá de si mesmo. Na medida em que ele é afetado por essa glória, ele deve refleti-la em forma de serviço, sacerdócio e obras. Esse é o sentido ativo de ser a imagem de Deus. O ser humano é uma criatura doxológica, ou seja, ele foi feito para apreciar e

---

[5] Bavinck, 2012, p. 571.

[6] Goheen, M. W.; Bartholomew, C. G., *Introdução à cosmovisão cristã*: vivendo na interseção entre a visão bíblica e a contemporânea. São Paulo: Vida Nova, 2016, p. 76.

refletir a glória (*doxa*) de Deus. Como diz o antigo catecismo reformado: "O fim principal do homem é glorificar a Deus e desfrutá-lo para sempre" (Breve Catecismo de Westminster). Segundo Bavinck, "apenas o ser humano é a imagem de Deus, a mais exaltada e mais rica autorrevelação de Deus e, consequentemente, a cabeça e a coroa de toda a criação".[7]

Existem evidências importantes[8] de que os primeiros capítulos de Gênesis descrevem um tipo de santuário (o jardim) e sacerdotes (Adão e Eva) que têm funções típicas do culto levítico: guardar, adorar e ordenar. Mas a principal função dos sacerdotes israelitas era a dupla representatividade: eles representavam as tribos de Israel perante Deus e representavam Deus perante as tribos de Israel. Da mesma forma, o sacerdócio humano exige uma humanidade diante de Deus (adoração passiva) e diante das outras criaturas (adoração ativa).

O ser humano, embora não possa ser reduzido a nenhum dos fenômenos, objetos ou seres criados, foi plantado por Deus na criação para florescer em uma relação de graça, inteireza e integralidade. Porém, não há existência integral se o ser humano não se posicionar em Deus, pois somente nessa condição, como sua imagem, desfrutará uma existência plena sem se tornar cativo de algum bem criado por Deus — o que as Escrituras chamam de idolatria.

Se você acompanhou as coisas até aqui, já deve ter percebido que o ser humano foi criado completo e seu florescimento depende de seu vínculo e de sua comunhão com Deus. Essa é a vocação do homem criado. Mas você deve estar se perguntando: Então, o que deu errado?

A resposta tem um tom trágico. Apesar de sua extraordinária vocação, o ser humano rebelou-se contra o Criador e, portanto, afastou-se da fonte de sua identidade. Da mesma forma que alguém privado de

---

[7] BAVINCK, 2012, p. 540.
[8] WALTON, 2015, p. 110.

## ANTROPOLOGIA: O SER HUMANO COMO ATOR DO CONHECIMENTO

alimento não consegue libertar-se da fome, o ser humano, apesar de estar distante de seu Deus, não consegue afastar-se de sua necessidade de sentido espiritual. Agora, a criatura sacerdotal encontra-se perdida e, como se vê privada de sua fonte, mas não de sua demanda por identidade, resta-lhe apenas o improviso. C. S. Lewis ilustra bem a triste condição em que a humanidade se encontra:

> Nosso Senhor considera nossos desejos não demasiadamente grandes, mas demasiadamente pequenos. Somos criaturas divididas, correndo atrás de álcool, sexo e ambições, desprezando a alegria infinita que se nos oferece, como uma criança ignorante que prefere continuar fazendo bolinhos de areia numa favela, porque não consegue imaginar o que significa um convite para passar as férias na praia. Contentamo-nos com muito pouco.[9]

O pecado provocou uma ruptura da relação entre o ser humano e o Criador, expondo-o a uma espécie de exílio existencial, de fome insaciável, e aprisionando-o em uma relação idólatra e reducionista com o mundo a seu redor. Sempre que a criatura humana se curva diante de alguma coisa da criação, e não ao Criador, compromete a própria dignidade, a qual reside na integralidade de sua existência em Deus (Romanos 1:20-25). E se o destino humano é a integralidade, o pecado opera um efeito contrário: desafina, despedaça e aliena. A alienação é uma dissintonia, uma distorção no modo de se relacionar com Deus, consigo e com a realidade. Pelo menos quatro alienações são biblicamente identificadas no ser humano: teológica, psicológica, social e física.[10]

A *alienação teológica* distancia, em primeiro lugar, o ser humano de Deus e, em seguida, em um efeito sistêmico, outras relações são afetadas.

---

[9] LEWIS, C. S. *O peso da glória*. Rio de Janeiro: Thomas Nelson Brasil, 2017, p. 11.

[10] KELLER, T. *Ministérios de misericórdia:* o chamado para a estrada de Jericó. São Paulo: Vida Nova, 2016.

# A ESCOLA DO MESSIAS

A *alienação psicológica* diz respeito a uma perda de sentido sobre si mesmo, acarretando em crise de identidade e em emoções e afeições desordenadas.

A *alienação social*, por sua vez, diz respeito às tensões com o próximo e aos problemas relacionais, como rancor, inimizade, abuso, exploração, nacionalismo, sexismo, machismo, manipulação e racismo.

Finalmente, a *alienação física* compromete a relação do ser humano com o mundo natural (*físis*) e físico à sua volta. O uso irresponsável e abusivo dos recursos dados por Deus em sua criação e a falta de mordomia e cuidado com os recursos ambientais são alguns exemplos desse tipo de alienação.

Está claro que há uma tensão interna, com consequências externas muito sérias, entre o ser humano e a criação após a queda, contudo, a visão cristã de redenção afirma que Deus está em uma espécie de operação de restauração do ser humano. A expressão máxima dessa missão é a revelação de Deus em seu Filho como Aquele por quem o indivíduo humano pode ser integralmente resgatado.

O resgate da humanidade (salvação) tem uma *causa cristológica com um efeito cristomórfico*. Em primeiro lugar, uma pessoa que queira recuperar sua identidade e seu destino deve responder ao Evangelho, crendo e abraçando inteiramente a pessoa e a obra de Jesus Cristo da forma como são explicitamente anunciadas nas Escrituras Sagradas. Ser salvo das alienações que o pecado provocou significa abraçar Jesus Cristo, que reconcilia, pela graça, o ser humano com Deus, e também com toda a rede de relações que o ser humano foi chamado a vivenciar. Ele deve abraçar o modo como Deus se revelou e está salvando a humanidade. Essa é a causa cristológica da salvação.

Uma vez cristologicamente justificado, o ser humano se matricula, digamos assim, na escola de Jesus, a fim de ser educado e conformado à sua imagem. A dimensão cristomórfica (ser formado por Cristo) do discipulado

ANTROPOLOGIA: O SER HUMANO COMO ATOR DO CONHECIMENTO

cristão implica uma atuação graciosa de Deus, em que o ser humano é conformado segundo Jesus pelo poder do Espírito Santo. Foi exatamente isso que o apóstolo Paulo afirmou quando disse: "porquanto, nele [Jesus], habita corporalmente toda a plenitude da Divindade. Também nele, estais aperfeiçoados" (Colossenses 2:9-10). É importante observar que o termo "aperfeiçoados", usado nessa passagem, também tem o sentido de "levar à plenitude", "completar" e "integrar" (πεπληρωμενοι, *peplêrômenói*), ou seja, aqueles que se unem a Cristo tornam-se plenos, integrais. Portanto, a missão de Cristo é muito mais do que produzir cristãos:

> Cristo não veio apenas para nos tornar cristãos ou salvar nossa alma; ele também veio para nos redimir, de forma que pudéssemos ser humanos no sentido mais amplo da palavra. Ser uma nova pessoa significa que podemos usar nossa capacidade humana de forma plena e livre em todas as facetas de nossa vida. Portanto, ser cristão significa que temos humanidade — a liberdade de trabalhar na criação de Deus e usar os talentos que ele deu a cada um de nós para a sua glória e para os benefícios do próximo.[11]

## OS TRÊS MANDATOS

Deus animou e ordenou o mundo por meio de sua Palavra. A plenitude de qualquer criatura no mundo de Deus depende de sua submissão ao que foi ordenado por Deus como seu propósito. Deus é Rei e governa sua criação por seus decretos divinos. Viver plenamente como súdito no Reino de Deus é viver inteiramente sob uma ordem de relações corretas.

O ser humano, seu florescimento e sua dignidade dependem de relações corretas com Deus, consigo mesmo, com o próximo e com a criação. O funcionamento correto dessas relações depende de mandatos ou ordens diretas de Deus, como os preservados na narrativa da criação, no livro

---

[11] ROOKMAAKER, H. *A arte não precisa de justificativa*. Viçosa: Ultimato, 2010, p. 27.

## 104 — A ESCOLA DO MESSIAS

do Gênesis. Lá, encontram-se, basicamente, três mandatos ou ordens relacionais: o religioso, o social e o cultural.

## MANDATO RELIGIOSO

A finalidade e o propósito do ser humano consistem em desfrutar e conhecer Deus para glorificá-lo. Pode-se dizer que o ser humano tem uma tarefa doxológica. Não há nada que torne o ser humano mais pleno e realizado do que quando está envolvido com a glória de Deus e empenhado em desfrutar seu governo. Os seres humanos restaurados em Cristo deveriam estar entre céus e terra, como seres que vivem em comunhão com Deus e que cooperam, dando testemunho e demonstrando que Cristo "une e reconcilia em si mesmo o céu e a terra, as coisas visíveis e invisíveis".[12]

Na Bíblia, o termo "glória" é frequentemente usado para fazer referência à autorrevelação de Deus. Glória era uma palavra usada na linguagem humana para fazer referência ao momento em que os reis ostentavam seu poder perante seus súditos ou quando retornavam de uma guerra com seus exércitos vitoriosos, exibindo os despojos de guerra. Em um sentido teológico, a glorificação se dá quando Deus se revela à sua criação ou mesmo quando seus súditos e adoradores se envolvem em revelá-lo. Como já assinalado, essa é a dimensão ativa da adoração. Adorar é conhecer a Deus e fazê-lo conhecido, ou seja, glorificado.

O cristão deve estar inteiramente envolvido com a glorificação de Deus, pois tem plena consciência de que Deus é a causa, a ordem e o propósito do mundo e de sua própria existência. Deus reina, governa e sustenta toda a realidade. Paulo enfatizou a cosmologia bíblica quando disse a alguns filósofos gregos, ao citar um de seus poetas: "Nele vivemos, nos movemos e existimos" (Atos 17:28).

---

[12] BAVINCK, 2012, p. 566.

## ANTROPOLOGIA: O SER HUMANO COMO ATOR DO CONHECIMENTO

O ser humano tem um mandato "religioso" ou "transcendente", no sentido de que é parte fundante de sua existência e de sua identidade "ligar--se" (*religare*) integralmente a Deus em um relacionamento indissolúvel. O ser humano é um *homo liturgicus*,[13] um ser que cultua. Seguramente, se ele não estiver envolvido em uma prática litúrgica que corresponda à fé cristã, estará envolvido em práticas formativas seculares. O coração humano foi feito para desejar a Deus como seu bem supremo, mas, por causa da queda, ele é facilmente cooptado a se devotar a bens temporais.

O pecado criou um abismo humanamente intransponível entre os descendentes de Adão e o Criador. Conforme o Evangelho, Deus se fez humano em Jesus Cristo para prover verdadeira humanidade. Ser humano é maravilhar-se com Deus para maravilhar o mundo. Contudo, estar diante de Deus requer união com o Mediador, que é Jesus Cristo. A união com Cristo reintroduz a pessoa humana no cosmos como filho ou filha de Deus.

A atividade intelectual cristã não pode perder de vista sua antropologia bíblica. Sua tarefa é maravilhar-se com Deus pelas Escrituras, mas também na regularidade dos fenômenos físico-químicos, no movimento dos astros, na beleza da regularidade lógica dos números, na maneira como conduz a história e na diversidade das culturas humanas. Lembre-se de que, uma vez em Cristo, a rede de relações comprometidas pelo pecado (alienações) são novamente restauradas. A salvação é também uma reintrodução no mundo de Deus, pois, uma vez que se esteja diante dele em adoração, consegue-se olhar para sua criação e redescobrir seu propósito e desígnio.

## MANDATO SOCIAL

A partir da relação fundante do ser humano com Deus (mandato religioso), sua existência e sua identidade também se expressam por outro mandato: o social. Deus, quando criou o ser humano, "viu que não era

---

[13] SMITH, 2018.

bom que ele vivesse só" (Gênesis 2:18),[14] por isso estabeleceu uma parceria entre iguais/diferentes, a relação pareada entre humano e humano. Aqui nasce a vocação comunitária da humanidade.

Como já assinalado, a partir das Escrituras, a fé cristã assume e confessa que Deus é Trindade, e que, apesar de sua divindade e de sua unidade indissolúveis, ele é tripessoal ou trirrelacional — e assim se revelou à sua criação. Se Deus é unidade e diversidade relacionais, parece lógico que o ser feito à sua imagem e à sua semelhança apresentasse, da mesma forma, traços pessoais e relacionais.

O mandato social é um mandato comunitário. Essa afirmação encontra ressonância em pesquisas e teorias filosóficas, psicológicas, educacionais, sociais e antropológicas, as quais apontam para a importância das relações sociais e inter-humanas para o desenvolvimento cognitivo, emocional e sociocultural humano. Os seres humanos foram criados e vocacionados para viver em sociedade, para se conectar a uma teia de relações e interações com outros membros da comunidade humana. Além disso, por ser fundamentalmente relacional, seu desenvolvimento e sua aprendizagem dependem de trocas relacionais contínuas.

O filósofo judeu Martin Buber (2006; 2007; 2008) lança uma luz considerável à natureza religiosa dos relacionamentos e encontros humanos quando observa que existem duas estruturas básicas de relações: *Eu-Isso* e *Eu-Tu*. No primeiro caso, é um relacionamento do tipo sujeito-objeto, que se expressa na relação ordinária e sem reciprocidade com objetos e seres da natureza (humanos, eventualmente, podem ser tratados como Isso, pois nem toda relação humana é recíproca). No segundo caso, é uma relação de diálogo, de troca de sentido entre dois indivíduos humanos. Para usar as palavras de Buber, é na relação Eu-Tu que ocorre uma espécie de "comunhão providencial", dada por graça. O problema é

---

[14] Tradução literal do original hebraico.

## ANTROPOLOGIA: O SER HUMANO COMO ATOR DO CONHECIMENTO

quando o indivíduo trata o outro sempre como Isso, ou seja, como objeto, e instrumentaliza essa relação para fins desumanos. Um Eu que só vive nesse tipo de relação (Eu-Isso) tende a se desumanizar, por causa da falta de troca, acolhimento e reciprocidade humana.

Claro que não é possível viver sem a relação Eu-Isso, pois é dela que se obtêm recursos, alimentos, e se faz ciência; é nessa relação que se lida com o mundo dos objetos. Na verdade, os seres humanos ocupam boa parte de seu tempo em atividades orientadas pela relação sujeito-objeto (Eu-Isso). Entretanto, como diria Martin Buber: "O homem não pode viver sem o 'isso' [mundo dos objetos e da natureza], mas aquele que vive somente com o 'isso' não é mais um homem".[15]

Importante destacar que o mandato social aponta para uma racionalidade comunitária e não subjetiva, como pretende o racionalismo iluminista. Nesse caso, os cristãos cogitam o mundo e Deus de maneira comunitária, sob a ação histórica e coletiva do Espírito Santo. A epistemologia cristã está enraizada na autorrevelação de Deus ao seu povo. Não é a razão atomizada que fornece as condições para o conhecimento, mas uma tradição e uma rede de relações que formam uma espécie de sabedoria comunitária. Nesse caso, uma intelectualidade cristã exige que seus membros se conectem com uma comunidade de fé, se familiarizem com sua confessionalidade e se eduquem catequeticamente com sua tradição intelectual.

## MANDATO CULTURAL

Por mandato cultural, entende-se a ordem divina no livro de Gênesis para que o homem "cultivasse" o jardim. A atividade cultural humana envolve toda ação criativa sobre a criação. Quando o homem explora, conhece, transforma, modifica, instrumentaliza, organiza ou inventa

---

[15] BUBER, M. *Eu e tu*. São Paulo: Centauro, 2006, p. 74.

tecnologias e artefatos dos elementos ou materiais da criação, ele está engajado ou envolvido com algum tipo de ação cultural. Aqui, há uma relação importante entre antropologia e cosmologia bíblicas. Não apenas o ser humano tem uma capacidade singular para trabalhar, como também a própria estrutura da criação possibilita e oferece as condições para essa transformação.

Para o cristão, o trabalho e a atuação cultural não resultam da queda; ao contrário, esse mandato já existia antes mesmo de a humanidade cair. O próprio termo bíblico encontrado no texto original hebraico, que foi traduzido como "cultivar", também tem o sentido de "trabalhar" e "servir".[16] Curiosamente, a mesma palavra que é usada para "trabalho/cultivo" em Gênesis também ocorre em outros textos ligados à atividade da adoração,[17] assumindo um sentido cúltico. Esse detalhe linguístico evidencia que o trabalho não é só uma atividade "cultural", mas também "cultual". O trabalho é uma liturgia, um serviço de adoração que, se não for dirigido à glória de Deus, certamente será para o louvor de algum ídolo, mesmo aqueles que estão sob o véu do secularismo.

Os cristãos reformados sempre consideraram o trabalho e a atividade cultural um meio de glorificação a Deus. A diligência, o zelo, a ética e a criatividade protestante eram virtudes tão notórias que mereceram destaque nas investigações do sociólogo Max Weber (1994). Os fiéis viviam sob o princípio de que toda ação criativa deveria ser *coram Deo*, ou seja, "perante Deus", no sentido de que Deus é o pastor supremo e a testemunha de todos os feitos humanos. O trabalho e a atividade cultural seriam altares nos quais Deus seria adorado. A atividade cultural implicaria a criação de artefatos, tecnologia, edificações, riquezas, instituições e arte para a glória de Deus.

---

[16] Em Gênesis 2:15, o termo usado é לעבדה (*laavdá*) que tem o sentido de "trabalhar" ou "servir".

[17] Êxodo 3:12; 9:1,13; 10:2,7,8,11,24,26; 12:31; 13:5; 23:24-25; Números 3:7.

## ANTROPOLOGIA: O SER HUMANO COMO ATOR DO CONHECIMENTO 109

Antes da queda, o homem foi comissionado à ação cultural como meio de glorificação de Deus, e isso era parte de sua condição humana. Um cristão regenerado é feitura de Deus, recriado em Jesus Cristo para as "boas obras" (Efésios 2:10). Como já assinalado, em Cristo, a finalidade da vida humana é restaurada, reintroduzida na criação, e o sentido doxológico de seu mandato é restituído. Dessa forma, o ser humano retoma a prática da glorificação de Deus por meio do trabalho, de sua atividade cultural.

Uma retomada da visão cristã do trabalho e da cultura não envolve apenas o labor, mas também a ideia de uma atuação cultural enraizada em Cristo, admitindo-o como Senhor sobre todas as ações criativas do cristão. Sem dúvida, nesses termos, retomar o mandato cultural libertaria o cristão do cativeiro imposto por cosmovisões não cristãs, reintroduzindo-o como jardineiro no mundo de Deus. O cristão não trabalha para ser reconhecido, para ter sucesso ou para obter segurança material. O cristão trabalha consciente de seu papel como adorador, sua diligência testemunha a glória de Deus e sua "presença fiel"[18] nos afazeres ordinários dá testemunho do amor a Deus e ao próximo.

O mandato cultural envolve também o cuidado com a criação, a compreensão e a boa gestão das habilidades pessoais. O princípio cristão de mordomia está relacionado ao papel humano de cuidador ou mordomo da criação. Ele foi criado também para "guardar"[19] o jardim. As implicações em relação à preservação, ao cuidado e à boa gestão dos recursos naturais são evidentes. Também lhe foi dada a tarefa de "nomear os animais", ou seja, de organizar cognitivamente sua percepção de mundo,

---

[18] HUNTER, J. D. *To Change the World*: the Irony, Tragedy and Possibility of Christianity in the Late Modern World. New York: Oxford University Press, 2010.

[19] Gênesis 2:15. O termo utilizado no original para "guardar" é לשמרה (*lesham'rah*) que vem da raiz שמר e remete a noções como "vigiar", "proteger", "observar" e "ser cuidadoso".

percebendo e classificando os fenômenos aí presentes. O mandato cultural exige lógica, gestão e cuidado do mundo criado por Deus. Essa também é, basicamente, a tarefa da atividade científica quando, experimenta, classifica e registra os fenômenos que observa.

A tarefa de cultivar, organizar e cuidar exige a gestão dos dons e capacidades recebidos pelo ser humano e desenvolvidos por Deus. As diversas parábolas do Reino ensinadas por Jesus asseveram a responsabilidade que o ser humano tem com os dons e talentos que recebe. Tais "carismas" ou dádivas envolvem meios de o mundo de Deus ser enriquecido e de Deus ser glorificado. O cristão tem uma relação específica com os bens culturais produzidos e com aqueles que ele mesmo produz. O cristão tem consciência de que Deus planejou uma tarefa e um papel vocacional específico para ele, e que isso envolve a manifestação da glória de Deus e seu florescimento nele. A lógica administrativa do Reino de Deus é a "economia carismática": ninguém é dono de nada, as riquezas são de Deus e confiadas a seus servos, os quais têm a responsabilidade, como mordomos, de fazer um bom uso desses recursos. O bom uso das graças de Deus significa utilizá-las para a glória de Deus e o bem do próximo.

Até aqui, está claro que a antropologia cristã parte do princípio fundamental de que o ser humano foi criado à imagem de Deus, o que exige contínua relação e dependência de Deus como fonte de sua identidade. Também foi tratado que ser *imago Dei* possui sentidos ativo e passivo. Afinal, na medida em que Deus é conhecido em adoração e maravilhamento, o ser humano refletirá sua glória e reputação no mundo por meio de suas ações, de seu pensamento e da qualidade de suas relações com o próximo e com a própria criação. Segundo Walton, "a imagem é uma vocação, um chamado. É o chamado para ser um espelho angular, refletindo a ordem sábia de Deus no mundo e os louvores de toda a criação de volta ao Criador".[20]

---

[20] WALTON, 2015, p. 166.

## ANTROPOLOGIA: O SER HUMANO COMO ATOR DO CONHECIMENTO

Uma vez em Cristo, o ser humano recupera sua humanidade em um discipulado contínuo, no qual pode novamente ser recolocado na posição que Deus lhe destinou. Sua relação com Deus, uma vez restaurada em Jesus, reflete-se em relações comunitárias significativas, em que a inimizade e a tensão com o próximo são superadas por uma verdadeira relação Eu-Tu.

## DIGNIDADE E FRAGILIDADE

A dignidade da pessoa humana concentra-se em sua origem e em seu propósito, mas, como já mencionado, a narrativa cristã criação-queda--redenção revela que o pecado é uma força que desumaniza, fragmenta, aliena e desarranja as relações. O pecado impede a pessoa de desfrutar a totalidade de sua dignidade original. Há forças que tentam aprisioná-la aos ídolos ou deslocá-la de sua vocação. Se, por um lado, o ser humano foi planejado para conhecer e fazer brilhar a glória de Deus, por outro, ele se encontra quebradiço e fragilizado pelo pecado. A queda é resultado justamente da tentativa de um conhecimento autônomo, como se percebe na posse humana da árvore do "conhecimento do bem e do mal", e não da "árvore da vida": "Na Bíblia, a vida e a sabedoria pertencem a Deus e são disponibilizadas aos humanos, na medida em que esses estão em um relacionamento com ele. O problema surge quando os humanos tentam tomar a sabedoria em seus próprios termos".[21]

Em um processo de conformação crescente à imagem de Jesus, o ser humano crente tem sua trajetória realocada para seu propósito original. O projeto redentor de Deus está aí para que o ser humano supere as alienações que o pecado provocou. Entretanto, como dizia Lutero, "o cristão é justo, mas ainda é pecador". Esse é um problema a ser seriamente considerado pelo intelectual cristão. O sucesso de seu trabalho e do trabalho

---

[21] WALTON, 2015, p. 118-119.

dos outros está sempre sob a ameaça da corruptibilidade intelectual, espiritual e moral. A doutrina cristã da queda e do pecado exige do intelectual cristão certo senso de vulnerabilidade e modéstia.

A fragilidade humana encontra-se nos limites cognitivos, na falta de critérios adequados para se compreender a realidade, na irresponsabilidade quanto ao uso dos saberes obtidos, na falta de respeito com a dignidade humana e a ética científica. Sob o ponto de vista cristão, o trabalho intelectual sempre exigirá certo senso de responsabilidade, certo ceticismo quanto às pretensões da ciência e da filosofia, uma dose de relatividade e senso de finitude diante dos saberes obtidos. Basicamente, o intelectual cristão precisará daquilo que a filosofia clássica chamava de virtudes intelectuais, ou seja, de uma boa dose de sabedoria.

# SEÇÃO 3

## EPISTEMOLOGIA SAPIENCIAL

## CAPÍTULO 7

# SABEDORIA: EPISTEMOLOGIA INTEGRAL

*"Where is the Life we have lost in living? Where is the wisdom we have lost in knowledge? Where is the knowledge we have lost in information?"*[1]

T. S. Eliot

Na busca pelos contornos de uma epistemologia que seja fundamentalmente cristã, sempre se faz necessário recuperar as fontes de seu "depósito da fé". A racionalidade cristã é canônica e tradicionalmente localizada. Por racionalidade canônica, entende-se o fato de que os cristãos recorrem a narrativas, instruções, leis, cânticos e ensinos da Bíblia para inferir os princípios que norteiam sua existência. Porém, as Escrituras são lidas e interpretadas dentro de um contexto histórico e comunitário. As impressões e interpretações bíblicas tendem a se consagrar histórica e tradicionalmente em forma de confissões, credos, catecismos, teologias sistemáticas e comentários exegéticos. Dentro do corpo canônico da Bíblia, encontram-se um estilo literário e uma tradição de alta relevância para os envolvidos com a atividade intelectual e a teoria do conhecimento cristão (epistemologia): os textos e a teologia da sabedoria bíblica.

Diferente das epistemologias modernas e pós-modernas, que se baseiam em uma epistemologia subjetiva imposta à realidade, a fé cristã

---

[1] "Onde está a Vida que perdemos no viver? Onde está a sabedoria que perdemos no conhecimento? Onde está o conhecimento que perdemos na informação?"

reconhece a condição ontológica como dada pela Palavra (*Logos*/Sabedoria/Lei) divina. As condições de leitura da realidade são fornecidas por Deus em sua graça, que opera, de forma geral, por meio da criação; e, em particular, pela revelação do Deus Trino na Igreja.

O Ocidente tende a prezar o conhecimento que fornece os meios de controle racional da realidade. O mundo bíblico busca conhecer com vistas a uma vida *sábia*. A sabedoria não apenas criou e sustenta a realidade; os aprendizes também podem ser formados nela, de modo a viver uma vida virtuosa, livre e bem-aventurada diante de Deus. A sabedoria equipa o ser humano para navegar na realidade da forma como ela foi dada e estruturada por Deus.

De acordo com o senso comum, a *sabedoria* remete à ideia de inteligência, de conhecimento enciclopédico, ou está associada a famosos provérbios e ditados populares. No Ocidente, a sabedoria tornou-se notória a partir dos contatos da civilização europeia com a cultura grega, especialmente a partir do movimento renascentista. O mundo cristão medieval praticamente ignorou boa parte das obras filosóficas produzidas pelos mentores intelectuais da Antiguidade grega, enquanto o mundo árabe debruçava-se nas obras de Platão e Aristóteles. O mundo cristão só viria a ter contato com o aristotelismo, por exemplo, mais tarde, com Tomás de Aquino, na era escolástica.

Os filósofos clássicos legaram ao Ocidente a ideia de sabedoria — *sophia*, σοφια —, inaugurando a grande ciência da sabedoria, que agregava aqueles que "amavam" o saber em torno da chamada "filosofia". O saber filosófico despertou a curiosidade intelectual do Ocidente, que, à sombra da inquirição e da pergunta dialética, procurava dar explicações aos mistérios do mundo e da mente.

A sabedoria não era compreendida de forma homogênea entre os gregos. As diversas correntes de pensamento que emergiram dos filósofos clássicos abordavam-na a partir de uma gama diversificada de

## SABEDORIA: EPISTEMOLOGIA INTEGRAL 117

explicações. Será que o conceito só se desenvolveu entre os gregos ou será que somente eles tinham uma abordagem elaborada acerca da sabedoria?

## SABEDORIA NA BÍBLIA HEBRAICA

Na Bíblia Hebraica, o termo "sabedoria" tem conotações filológicas diversificadas. Há um uso dinâmico do termo, cuja noção vai desde a ideia de uma habilidade técnica qualquer até a capacidade de viver bem.[2]

Na antiga tradição sapiencial hebraica, a sabedoria tem pouca relação com a visão comum de uma "sabedoria" associada exclusivamente ao desempenho intelectual ou a algum tipo de conhecimento enciclopédico. Na matriz do pensamento semita, "ser sábio" é, acima de tudo, "saber viver" — desde a era bíblica até o período chamado rabínico (séculos 1—4 d.C.) —, isso aplicado às diversas situações e personagens, como, por exemplo, em Êxodo (28:3; 31:3ss.; 35:26) e em Provérbios de Salomão (8:22ss.).

Há pesquisas sobre a tradição sapiencial bíblica que apontam para traços da ideia de sabedoria já nos capítulos 2 e 3 do livro de Gênesis, os quais deveriam, como se sugere,[3] ser lidos sob uma perspectiva sapiencial. Segundo essa abordagem, a "árvore da vida" — ets ḥaim, עץ חיים — seria a "sabedoria" proveniente do "temor em Deus", enquanto a "árvore do conhecimento do bem e do mal" seria a "falsa sabedoria" proveniente de um "conhecimento autônomo". Se assim for, os sinais textuais de uma tradição sapiencial, ou da sabedoria, aparecem no texto bíblico já em seu primeiro livro.

Mais tarde, Flávio Josefo (37—100 d.C.), cujo nome original era Yosef Ben Matityahu, historiador judeu envolvido com a elite política de

---

[2] GÆBELEIN, F. *The Expositor's Bible Commentary*: Psalms, Proverbs, Ecclesiastes, Song of Songs. Vol. 5. Grand Rapids: Zondervan.

[3] BLENKINSOPP, J. *Wisdom and Law in the Old Testament*: the Ordering of Life in Israel and Early Judaism. Oxford; New York: Oxford University Press, 1990, p. 6-7; PERDUE, L. G. *Wisdom & Creation*: The Theology of Wisdom Literature. Nashville: Abingdon, 1994, p. 82.

Roma, defendeu intelectualmente a civilização judaica diante dos romanos. Ele apresentou a sabedoria de seu povo narrando sua história e dando especial atenção àqueles personagens bíblicos que se destacavam por sua sabedoria. Em sua obra *Antiguidades judaicas*, Josefo menciona homens como Abraão, José, Moisés, Salomão e Daniel, todos associados ao domínio das ciências e do conhecimento do Antigo Oriente Médio. Sobre o famoso rei Salomão, que ficou conhecido por sua destacada sabedoria, Josefo observa que "[sua sabedoria] era tão extraordinária que nenhum outro em toda a antiguidade pode a ele ser comparado",[4] destacando suas composições e citando "cinco mil livros de cânticos e de versos, três mil livros de parábolas e um livro no qual empregou esse conhecimento na composição, para utilidade dos homens, de diversos remédios".[5] Tudo indica que Josefo tinha em mente o conjunto de escritos de sabedoria bíblica cujas autoria e tradição estão associadas ao rei Salomão — nesse caso, pelo menos Provérbios e Eclesiastes.

O livro "Provérbios de Salomão" tem recebido muito destaque nos estudos da teologia da sabedoria bíblica por ser a obra em que "se encontra preservada a maior parte da mais antiga e mais tradicional sabedoria de Israel",[6] apresentando uma diversidade de recursos linguísticos e discursivos que ampliam o repertório de análise de outras obras ou produções dentro da tradição da sabedoria.

## O QUE É A SABEDORIA?

Em termos atuais, é possível afirmar que a *ḥoḥmah* (sabedoria), da forma como é tratada em "Provérbios de Salomão", tem algo de natureza holística e integral, envolvendo um tipo de habilidade relacional que qualifica

---

[4] *Antiguidades Judaicas* 8.43.

[5] *Antiguidades Judaicas* 8.44.

[6] DELL, K. J. *The Book of Proverbs in Social and Theological Context*. Cambridge: Cambridge University Press, 2006, p. 2.

## SABEDORIA: EPISTEMOLOGIA INTEGRAL

a relação do sujeito com a realidade, além de complexas relações interpessoais e ecológicas, no sentido de uma percepção ordenada (lógica) sobre a "natureza" (criação) e o espaço. A epistemologia sapiencial é pré-teórica, como se evidencia por claro desinteresse em abordar a natureza ou as relações sociais de forma analítica. Apesar de seu claro conteúdo moral, a obra Provérbios de Salomão não pode ser reduzida ao campo da moralidade, pois, acima de tudo, constitui uma obra de sabedoria. A moral é apenas um aspecto que compõe o conjunto de sua epistemologia e de sua pedagogia.

Para apresentar adequadamente a etimologia e o sentido semântico da sabedoria na Bíblia Hebraica, é importante quantificar as menções e os usos diretos de seu correspondente em língua hebraica. Assim, é possível identificar os livros com maior ocorrência da palavra *hohmah* (sabedoria) e, consequentemente, obter alguma evidência sobre quais deles dedicam-se, predominantemente, à tradição da sabedoria ou dependem dela.

| Ocorrências da palavra "sabedoria" — *hohmah*, חכמה — na Bíblia Hebraica | | |
|:---:|:---|:---:|
| | **Livro** | **Ocorrências** |
| 1 | Provérbios | 41 |
| 2 | Eclesiastes | 25 |
| 3 | Jó | 18 |
| 4 | 1Reis | 14 |
| 5 | 2Crônicas | 9 |
| 6 | Êxodo | 8 |
| 7 | Salmos | 7 |
| 8 | Ezequiel | 5 |
| 9 | Jeremias | 5 |
| 10 | Isaías | 5 |
| 11 | Daniel | 3 |
| 12 | 2Samuel | 2 |
| 13 | Deuteronômio | 2 |
| 14 | 1Crônicas | 1 |
| | Total na Bíblia Hebraica | 145 |

**Figura 1:** Ocorrências da palavra *hohmah* (sabedoria) na Bíblia Hebraica.

Como se observa, a palavra *hohmah* aparece predominantemente no livro de Provérbios, com 41 ocorrências. Logo em seguida, aparece em outros dois livros, classificados, igualmente, como sapienciais: Eclesiastes e Jó. Um dado importante é que, após os livros sapienciais, a expressão apresenta uma ocorrência interessante em 1Reis, o que reforça a hipótese de alguns estudiosos[7] de que a *hohmah* teria algum tipo de ligação com a realeza israelita.

O termo *hohmah* deriva da raiz ḥ-ḥ-m (חכם), que, substantivada, tem o sentido de "ser sábio" ou "tornar-se sábio" (Provérbios 6:6; 23:19; Eclesiastes 2:19; 1Reis 5:12; Jó 32:9). Se adjetivada, tem o sentido de "inteligente" ou pode ser um verbo com o sentido de "ser inteligente", "instruir-se" ou "tornar-se sábio". Seu equivalente em árabe, *hakama* (حكم), tem o sentido de "julgar" ou "estabelecer uma regra". É possível que, de acordo com Gesenius,[8] a raiz antiga e o sentido primitivo de ḥ-ḥ-m (חכם) preservado em árabe sejam parentes do hebraico *hakak* (חקק), que evoca o sentido de "juízo" ou "julgamento". Nas línguas ocidentais, algo equivalente seria a palavra "crítica" ou "critério" em português, com origem no verbo grego *krino* (κρινω), cujo sentido aponta para o juízo jurídico ou moral.

Em suas primeiras ocorrências na Bíblia Hebraica, a palavra "sabedoria" aparece associada a habilidades técnicas específicas ou ofícios. Há menção de que os homens responsáveis pela confecção das vestes sacerdotais eram cheios do "espírito da sabedoria" — *ruah hohmah* — para tal empreendimento (Êxodo 28:3). Bezalel, da tribo de Judá, era cheio de *hohmah* para trabalhar com ourivesaria e metalurgia, tendo sido o responsável por toda ornamentação em ouro, prata e bronze do tabernáculo (Êxodo 31:2ss.). As

---

[7] CRENSHAW, *Old Testament Wisdom*: an Introduction. Atlanta: John Knox, 1981; VON RAD, G. *Wisdom in Israel*. Nashville: Abingdon, 1972; SCOTT, R. *The Way of Wisdom in the Old Testament*. New York: Macmillan, 1971.

[8] GESENIUS, W. *Gesenius' Hebrew and Chaldee Lexicon to The Old Testament Scriptures*. Grand Rapids: Baker Book House, 1993, p. 277.

# SABEDORIA: EPISTEMOLOGIA INTEGRAL

mulheres hábeis em costura fizeram "em sabedoria" (בחכמה) as coberturas e cortinas do tabernáculo em couro de cabra (Êxodo 35:26).

A *hohmah*, basicamente, significa "habilidade".[9] Essa palavra descreve a "habilidade" do artífice que trabalhava no tabernáculo (Êxodo 31:6), a habilidade do marinheiro (Salmos 107:27), as habilidades administrativas (Deuteronômio 34:9; 1Reis 3:28) e a "orientação sábia" de uma conselheira (2Samuel 20:22). A *hohmah* também aparece associada à habilidade na guerra (Isaías 10:13). Em seu sentido bíblico geral, a *sabedoria* tem um caráter epistemologicamente práxico, e não teórico, como se supunha: "ela poderia ser ensinada, da mesma forma que uma habilidade técnica, princípios para uma boa vida, ou um profundo entendimento do significado da existência humana".[10]

Em suma, uma definição bíblica de sabedoria poderia ser: *um tipo de capacidade existencial que permite ao sujeito operar e interagir na e com a criação e com o próximo de acordo com a ordem sábia do Criador, de modo que viva bem e de forma plena perante Deus.* A sabedoria tem uma conotação integral, ou seja, abrange todas as dimensões da constituição humana, como cognição, afetividade, corporeidade, religiosidade e ética, integrando-se para a promoção de uma existência plena. O sábio, por consequência, seria alguém capaz de navegar no mundo de Deus de maneira livre, o que significa moderar sua relação com o mundo e com o próximo de acordo com a sabedoria divina. As ações do sábio são compatíveis com a ordem de Deus.

## EPISTEMOLOGIA SAPIENCIAL

A sabedoria não se baseia em uma compreensão subjetiva do mundo, tampouco essencialista. Em outras palavras, a realidade não se dá nem no

---

[9] Gæbelein, 1991, p. 905.
[10] Scott, 1971, p. 48.

indivíduo nem nas coisas, mas nas relações sapiencialmente qualificadas. A sabedoria bíblica é epistemologicamente "criacional" e "relacional", o que a conecta com a narrativa hebraica de um mundo criado por Deus.[11]

O monoteísmo israelita sempre sustentou a existência de um único Deus criador, o que implica uma radical ruptura religiosa e cultural com a visão de mundo que predominava na maior parte das culturas politeístas do crescente fértil.[12]

Os efeitos culturais de um "imaginário social"[13] que reconhece a realidade como "criada" envolviam uma relação bastante específica com a comunidade e a criação (natureza). Se há um Deus que criou o mundo e, segundo a narrativa de Gênesis, o fez "falando", a conclusão filosófica entre os antigos israelitas seria justamente que há propósito e regularidade nas coisas criadas. Dessa forma, se, por um lado, os israelitas negavam radicalmente a tendência politeísta de dar explicações panteístas aos fenômenos naturais, por outro, reconheciam certa lógica, inteligibilidade e regularidade nos fenômenos naturais. O monoteísmo israelita afirmava uma atividade contínua de Deus como Rei, regulando e mantendo a realidade através de sua lei e de sua sabedoria.

A epistemologia sapiencial bíblica tem as seguintes referências:

- Teológica: o monoteísmo israelita;
- Cosmológica: uma cosmologia teogênica, monoteísta e relacional;
- Pedagógica: uma tradição epistêmica mediada pelos sábios.

O livro de Provérbios insiste na noção do "temor do Senhor" como uma importante origem para a aprendizagem da sabedoria. Apesar de haver tradições de educação em sabedoria no mundo

---

[11] PERDUE, 1984.
[12] KAUFMANN, 1961. Veja o tema do monoteísmo, já abordado no capítulo 4.
[13] TAYLOR, C. *Modern Social Imaginaries*. Durham: Duke University Press, 2004.

antigo,[14] a singularidade da sabedoria israelita reside justamente em seu monoteísmo:

> As experiências com o mundo eram, para Israel, sempre experiências divinas, assim como as experiências com Deus eram sempre experiências com o mundo. [...] Na sabedoria proverbial, há fé na estabilidade das relações elementares entre homem e homem; fé na similaridade dos homens e de suas reações; fé na confiabilidade das ordens que suportam a vida humana e, então, implícita ou explicitamente, fé em Deus, que põe essas ordens em operação.[15]

Observe como o mundo da sabedoria não procura substância nos entes nem busca atribuir significado por imposição subjetiva. O sentido está nas regras relacionais provenientes da sabedoria divina. O mundo deve: "nada abandonar; ao contrário, incluir tudo, o mundo, em sua totalidade, no Tu, atribuir ao mundo seu direito e sua verdade, não compreender nada fora de Deus, mas apreender tudo nele, essa é a relação perfeita".[16]

A epistemologia da sabedoria não abre mão da noção de Deus como causa da realidade. A possibilidade de conhecer foi dada justamente por Aquele que criou a realidade e o ser em condições de compreendê-la em algum nível. E não apenas conhecer o mundo e os jogos relacionais nele presentes, mas também a própria origem: o Criador da realidade. Teologia e cosmologia estão intrincadas no modo bíblico de conhecer. A atividade intelectual israelita, além de operar sob um telhado transcendente (teologia), reside em um mundo monoteísta (cosmologia). Essas são as referências que evitam distorções epistemológicas como as que ocorrem no Ocidente, por causa do dualismo sagrado-secular:

---

[14] CRENSHAW, 1998.
[15] VON RAD, 1972, p. 62.
[16] BUBER, 2006, p. 104.

A dicotomia entre secular e sagrado não existia no mundo bíblico. Todo ato tem consequências religiosas e parte de um entendimento religioso da realidade. A vida com as pessoas era, ao mesmo tempo, a existência na presença de Deus. Um contexto enriquecia o outro; e o comportamento ético assumia o significado último. [...] A sabedoria é a busca fundamental por caminhos específicos que venham assegurar o bem-viver e a aplicação dessas descobertas na existência diária.[17]

Em Israel, a combinação entre teologia e cosmologia resultava em um conhecimento que exigia uma espécie de curadoria desse tesouro epistemológico. O depósito é a tradição, que não apenas baseava-se na memória de um conhecimento transgeracional, como também transmitia um *modo* de conhecer. Por isso, alguém que queira apreciar a sabedoria bíblica, além de reconhecer sua teologia e cosmologia, deve também familiarizar-se com sua pedagogia, ou seja, com o modo de transmitir e formar pessoas para a sabedoria: "Sabedoria é e sempre foi encontrada em um diálogo entre a ordem estabelecida na criação e as novas formas segundo as quais essa ordem e essa vida nos são apresentadas. Para entender isso, e viver bem neste mundo, é preciso ouvir o velho e o novo, com o máximo possível de opiniões sábias".[18]

Em termos filosóficos, o principal recurso literário empregado em Provérbios, que faz com que não haja distinção entre o sagrado e o secular, foi a poesia, que emerge da ideia básica de Deus como Criador de todas as coisas. A afirmação semita de Deus como Criador e da sabedoria como "arquiteta" (Provérbios 8:30) da criação produzia um senso de ordenação divina, de uma realidade providencialmente constituída. Deus estaria presente no mundo, que, enfim, é o lugar no qual ele exibe sua sabedoria. Os

---

[17] CRENSHAW, 1981, p. 24.

[18] MORGAN, D. *The Making of Sages*: Biblical Wisdom and Contemporary Culture. Harrisburg: Trinity Press International, 2002, p. 170.

## SABEDORIA: EPISTEMOLOGIA INTEGRAL

ciclos dos astros que marcavam o tempo, os fenômenos naturais, o comportamento animal e humano, tudo isso alude a um Deus sábio. Tudo isso forneceria material suficiente para que o ser humano pudesse empreender o esforço intelectual, sendo este também, parte do mandato cultural de organizar a experiência com o mundo e, assim, procurar uma existência condizente com a ordem de Deus.

## CORAÇÃO E CONHECIMENTO

A singularidade da sabedoria israelita reside justamente no fato de reconhecer que é possível obter conhecimento na relação com o mundo. Mas tal conhecimento é produzido a partir das regras de revelação de Deus, da sabedoria que estrutura a realidade. E, aqui, a realidade deve ser entendida em sentido amplo, abrangendo os seres criados e as trocas sociais e culturais. Além disso, há um acúmulo histórico de experiências e *insights* (tradição) que pode ser pedagogicamente acessado pela mediação dos sábios. A epistemologia israelita não tem a pretensão de controlar a realidade, mas, sim, de fornecer discernimento e condições para uma existência plena, integral e compatível com a ordem da criação de Deus.

> Incline seu ouvido e escute as palavras dos sábios, e com o coração atente ao meu conhecimento (Provérbios 22:17).

הַט אָזְנְךָ וּשְׁמַע דִּבְרֵי חֲכָמִים וְלִבְּךָ תָּשִׁית לְדַעְתִּי

As palavras dos sábios e o conhecimento não se dirigem à mente, mas ao coração. Como já observado, o coração é uma analogia bíblica que se refere ao centro espiritual da pessoa humana e exige um bem transcendental, um *telos*, que calibre sua motivação, dirigindo o comportamento do indivíduo em dada direção. Cognição e afetividade são dimensões psicológicas interdependentes e estão intrincadas no que se refere aos hábitos e à consciência humana.

A dimensão afetiva é responsável pela energia motivacional que responde à seguinte pergunta: *Por que fazemos (ou não) o que fazemos?* A emoção é a "base energética" para as mudanças e a atividade cognitiva:

> Praticamente não há comportamento que não apresente, ao mesmo tempo, uma motivação emocional e um elemento cognitivo; de fato, o fator cognitivo cumpre a importante função de trazer as emoções de alta ordem e as diferenciações ética e morais profundas. Cremos, assim, que os processos cognitivos podem ser muito poderosos em mudar os determinantes emocionais/energéticos do comportamento. Processos cognitivos tornam o indivíduo modificável. Sustentamos que há relações mutuamente influenciáveis entre inteligência e emoção.[19]

Em grande medida, uma epistemologia é determinada pela antropologia que se adota. Em outras palavras, dependendo de como o ser humano é concebido, o projeto epistêmico seguirá em determinada direção. A pedagogia sapiencial tem interesse no coração do aprendiz. A metáfora do "coração" deve ser compreendida, em termos gerais, como a estrutura subjetiva que afeta a existência humana como um todo. Um excelente provérbio dentro da coleção salomônica que reflete essa concepção, é a belíssima rima hebraica *"kamaim hapanim lapanim ken lev haadam laadam"*, que, literalmente, pode ser traduzida da seguinte forma: "Como o rosto refletido na água corresponde ao rosto, assim o coração do homem corresponde ao homem" (Provérbios 27:19, tradução nossa).

O centro da experiência humana é *lev*, o coração. O termo aparece 95 vezes em toda a obra, um número significativo de ocorrências. *Lev*

---

[19] Feuerstein, R.; Feuerstein, R. S.; Falik, L. H., *Beyond Smarter*: Mediated Learning and the Brain's Capacity for Change. New York: Teachers College Press, 2010, p. 4.

## SABEDORIA: EPISTEMOLOGIA INTEGRAL

situa-se no centro da antropologia bíblica como um todo, e poucas vezes é tratado em seu sentido literal e anatômico. Em geral, é o termo empregado para fazer referência às dimensões ou aos aspectos da experiência humana que não podem ser classificados em termos "físicos". *Lev* refere-se a toda experiência interna e abrange racionalidade, afetividade, visceralidade, piedade, vontade e inclinação religiosa.

Os textos em Provérbios utilizam a metáfora do "coração" de diversas maneiras. Quando alguém diz que é com o "coração" que uma pessoa se "inclina" ao entendimento (Provérbios 2:2), está se referindo a uma relação entre a aprendizagem e a motivação interna (volição). De acordo com a teoria da hierarquia das necessidades de Abraham Maslow, ao obter a satisfação de suas necessidades, o ser humano sente-se motivado (inclinado) à aprendizagem, o que encontra consonância com a relação entre cognição e afetividade desenvolvida por Reuven Feuerstein.

O acesso e a permanência da sabedoria ocorrem pelo coração, razão pela qual se diz que a sabedoria "entra" (Provérbios 2:10) e "repousa" (14:33) no coração. A motivação pela "guarda" dos mandamentos do Pai/ Mestre (3:1) procede do coração. Ao se referir à memória, usa-se a metáfora "tábuas do coração" (3:3) como o lugar no qual se registra a instrução recebida. Além disso, a confiança em Deus deve ser *beḥol libeḥa* ("de todo o seu coração"; 3:5). Um texto importante refere-se ao coração como um lugar a ser protegido prioritariamente: "Acima de tudo, guarde o seu coração, pois dele depende toda a sua vida" (4:23). Essa sentença refere-se à dimensão pessoal responsável pelas escolhas. O coração é o lugar da "reflexão" prudente antes de se dar uma resposta adequada (15:28) e, nesse caso, torna-se o lugar no qual os planos são elaborados (16:1,9). E, finalmente, o termo *lev* relaciona-se com as emoções, pois o coração se alegra (17:22), enquanto a "ansiedade no coração do homem o abate" (12:25).

Também é possível encontrar expressões como, por exemplo, "sem-coração", termo empregado em relação àquele que comete adultério

(Provérbios 6:32); àquele que despreza o pobre (11:12); ao que é digno da "vara" (correção física; 10:13); ao que persegue coisas vãs ou supérfluas (12:11); ao que fica por "fiador" (17:18); ou ao preguiçoso (24:30). O coração também pode adoecer por falta de esperança (13:12); pode ser o lugar do pecado (20:9), do orgulho (21:4), da inveja (23:17) e da tolice infantil (22:15).

Um provérbio digno de atenção especial é o que diz: "O coração do sábio instrui sua boca e sobre sua língua cresce a aprendizagem" (Provérbios 16:23). A ideia por trás dessa máxima é que a "língua" — uma referência ao discurso ou ao ensino — é comandada pelo coração do sábio e que, justamente por esse motivo, a aprendizagem cresce no ouvinte. Nesse caso, o centro que impulsiona a retórica didática não é a razão em sentido moderno, mas o coração, lugar no qual residem as emoções, a lógica, o planejamento, a memória, a vontade e a fé.

A partir da diversidade de experiências e aspectos associados ao coração, deve-se considerar seu conceito amplo ou holístico. O coração exige uma relação de integralidade e representa certa irredutibilidade da existência. Exatamente essa dimensão antropológica é que foi recuperada pela filosofia cosmonômica:

> Nosso "ego", ou "coração", ou o que quer que decidamos chamá-lo, expressa-se no agir, no falar, no pensar, no sentir e no crer; e, ainda assim, nunca é identificado com qualquer um desses modos de expressão. Tampouco o pensamento filosófico coincide ou exaure nosso ego, nosso coração. Em vez disso, nosso coração é a raiz da qual o pensamento surge, é alimentado e recebe sua direção. Nosso ego *transcende* o pensamento filosófico. De fato, a direção espiritual desse coração, do qual procedem "as fontes da vida" (Provérbios 4:23), determina o contorno da filosofia de alguém.[20]

---

[20] Kalsbeek, *Contornos da filosofia cristã*. São Paulo: Cultura Cristã, 2015, p. 47.

## SABEDORIA: EPISTEMOLOGIA INTEGRAL

O que encontramos mais tarde na antropologia agostiniana do amor tem suas raízes na antropologia bíblico-sapiencial. A sabedoria implica um conhecimento integrado e não pode ser reduzida a meras certezas proposicionais. Ela penetra em instâncias que dirigem o ser humano a um horizonte de sentido amplo. O coração ancorado no "temor do Senhor" conecta o ser humano ao mundo temporal nos termos da ordem divina. Afinal, "em nosso estar no mundo cotidiano e rotineiro, não nos orientamos pela cabeça, por assim dizer, mas pelo coração e pelas mãos".[21]

A sabedoria é um importante conceito bíblico-canônico que oferece uma qualificação à atividade intelectual cristã ao contribuir, em grande medida, para a superação de antigos problemas teológicos e epistemológicos como a velha dicotomia entre teoria e prática: "Porque a totalidade da experiência apresenta muitas facetas para além da dimensão racional, ela não deve ter como seu primeiro objetivo a compreensão racional, mas a sabedoria: um agir concreto do modo que faça justiça a toda riqueza da realidade".[22]

A atividade intelectual cristã não é apenas erudição; é sabedoria, uma habilidade de saber viver e de estar no mundo. Mas, enfim, qual é a fonte da sabedoria? Como ser sábio? Essas e outras perguntas serão abordadas nos capítulos que se seguem.

---

[21] SMITH, 2018, p. 47.

[22] BLOMBERG, D. *Wisdom and Curriculum*: Christian Schooling after Postmodernity. Iowa: Dort College Press, 2007, p. 21.

CAPÍTULO 8

# FONTES DE SABEDORIA

A tradição bíblico-canônica trata o conhecimento de maneira bastante específica no contexto sapiencial. A sabedoria bíblica prioriza as virtudes intelectuais e morais. Seu foco não é o controle empírico da realidade, mas um conhecimento que esteja a serviço da própria existência, das relações, da virtude e do bem do próximo. A própria ideia de sabedoria evoca um conhecimento que forneça meios para que o ser humano responda adequadamente aos desafios de uma existência no mundo de Deus, evitando as armadilhas da tolice e da impulsividade.

O aprendiz precisa ter consciência de que essa é uma aprendizagem para toda a vida, e saber que não se aprende a sabedoria da mesma forma que uma competência técnica em determinado procedimento ou operação mecânica.[1] A sabedoria emerge da permanente calibração do coração em direção a Deus. Um coração ajustado na direção do que é primário afeta vontades e desejos secundários, de modo que as práticas e, finalmente, os hábitos sejam cultivados. E hábitos cultivados pelo amor certo produzirão conhecimentos específicos, mas em um nível visceral,[2] tornando os princípios para a boa vida mais integrados à estrutura comportamental da

---

[1] Importante observar que o sentido de "sabedoria" no cânon hebraico sofreu um tipo de evolução, indo desde uma "habilidade" ou "competência" até a noção de um "saber-viver". Recomendo a leitura de minha dissertação. Nela, trato o assunto em mais detalhes (MIGUEL, 2013).

[2] SMITH, 2017.

# A ESCOLA DO MESSIAS

pessoa. A virtude, por sua vez, é adquirida pelo exercício de aquisição de bens internos;[3] nos termos de Aquino, é a lei internalizada.

A especificidade da natureza da epistemologia sapiencial exige que se reconheçam suas fontes e sua pedagogia. A dimensão pedagógica é necessária, pois, nos termos da comunidade de Israel, a sabedoria é formada comunitariamente, e não adquirida por um método cartesiano. Portanto, como já abordado, há, basicamente, três fontes ou contextos de que dependem a formação para a sabedoria. Aqui, são abordadas separadamente, mas, em resumo:

**Fonte teológica**: refere-se à noção de dependência divina, revelação e providencialidade. A sabedoria bíblica é teodependente, monoteísta, ou seja, trinitária. A sabedoria depende de uma importante camada de iluminação, revelação e contexto pactual para ser acessada. Além disso, opera a partir de uma antropologia que afirma o ser humano como criado à imagem de Deus, tendo nele sua origem e seu propósito. Nesse caso, a sabedoria é fruto da graça e de uma operação do Espírito Santo.

**Fonte cosmológica**: refere-se à própria estrutura da realidade como o contexto no qual a sabedoria é vivenciada. A observação, a interação e a transformação de aspectos da realidade podem fornecer importantes *insights* sobre Deus, a pessoa humana e o convívio com o próximo. A atividade cultural e a vida social também devem ser tratadas como parte do cosmos, sendo, igualmente, referências e contextos sapienciais.

**Fonte pedagógica**: diz respeito ao contexto comunitário, ou seja, à tradição formativa da sabedoria. A aprendizagem sapiencial depende de um saber dinâmico histórica e socialmente acumulado. A tradição localiza-se no *depositum fidei*, nos registros, na interpretação, nos documentos canônicos e nas escolas, sendo mediada por mestres familiarizados com e formados por essa tradição. Esses mestres, os sábios, também

---

[3] MacIntyre, 2007.

## FONTES DE SABEDORIA

são habilitados para formar e encaminhar os aprendizes pelo caminho da sabedoria.

Agora, cada um desses contextos ou fontes da sabedoria será abordado separadamente, de modo que seja possível perceber as referências das quais depende a epistemologia sapiencial.

## SABEDORIA TEOLÓGICA

A epistemologia sapiencial de Provérbios é teocêntrica, o que tem implicação sobre a forma como o conhecimento pode ser obtido. Afinal, é "Deus quem dá sabedoria e, de sua boca, vêm o conhecimento e o entendimento" (Provérbios 2:6). De forma implícita, o aspecto providencial tem relação com a ideia de criação e com a cosmologia monoteísta javista. A afirmação de um absoluto sobre a realidade confere um senso de estabilidade e controle sobre o caos aparente. O mundo e a vida a ser discernida são criação de Deus e por sua sabedoria é que foram desenhados e estabelecidos:

> De fato, é na realidade teológica da crença monoteísta que os *insights* básicos da sabedoria surgem como um método de entendimento e governo da vida [...] traçar as obras do mundo natural é perceber a manufatura ordenada de Deus. Dessa maneira, Deus revela a qualidade divina da sabedoria através do universo que os seres humanos observam, universo que eles entendem ter sido divinamente criado e formado.[4]

A sabedoria encontrou residência no horizonte da experiência humana, como foi dito na belíssima poesia de sabedoria de Provérbios 8: "Eu estava ao lado dele e era seu arquiteto [...] me entretendo em sua terra habitável" (Provérbios 8:30-31). Agora, ela "grita" nas praças, nas

---

[4] CLEMENTS, R. E. *Wisdom in Theology*. Exeter: Paternoster; Grand Rapids: Eerdmans, 1992, p. 159.

ruas e na vida ordinária, convidando todos a aprenderem com ela, como foi dito: "A sabedoria construiu a sua casa [...] e grita dos lugares mais altos da cidade: quem é ingênuo, que se volte para cá!" (9:1,3,4).

A imagem da sabedoria residindo entre os seres humanos evoca a ideia de proximidade. Agora, aquela que estava no princípio com Deus e antes de suas obras mais antigas (Provérbios 8:22) se achega. Assim, fica nítida a ideia de providencialidade: na sabedoria proverbial, a transcendência e a imanência divinas se entrelaçam e não há tensão entre "céus e terra". Não há espaço para a noção naturalista de um universo fechado.

O principal termo empregado em Provérbios para descrever essa dimensão teológica da sabedoria é "temor do Senhor". A expressão é recorrente em todo o cânon da Bíblia Hebraica, sugerindo noções como submissão à vontade divina, compromisso e conhecimento do Senhor. A fluidez do termo, dentro de certos limites exegéticos, possibilita uma aproximação teológica com a fé propriamente dita.[5] Aquele que teme é o crente: "Confia no SENHOR com todo o seu coração, e não confies em teu próprio entendimento" (Provérbios 3:5). Nesse sentido, "temor" poderia ser um tipo de "piedade religiosa caracterizada pela fé em Deus como o Criador e Sustentador da vida".[6]

Em Provérbios, a expressão "temor do Senhor" ocorre associada a "princípio do conhecimento" (Provérbios 1:7); consiste em "odiar o mal, o orgulho, a exaltação, o mau caminho e a boca perversa" (8:13); é a "fonte da vida" (14:27); "educação para a sabedoria" (15:33) e "educação para a vida" (19:23). O temor do Senhor não põe Deus em dúvida, mas, sim, as pretensões racionais dos seres humanos. Observe: a fé não se contrapõe à racionalidade; ela a orienta e a qualifica em seus próprios termos. O temor do Senhor "lida fundamentalmente com o coração e o centro do

---

[5] VON RAD, 1972, p. 66.
[6] PERDUE, 1994, p. 79.

## FONTES DE SABEDORIA

caráter, a saber, a posição do ego *em relação* a Deus [...] uma postura de reverência humilde, receptiva, um reconhecimento de que toda sabedoria está divinamente enraizada".[7]

A epistemologia de Israel se contrapunha ao animismo pagão, o qual imanentizava o sagrado e, ao mesmo tempo, evitava um desencanto da realidade, decorrente de algo como o materialismo: "As doutrinas com que Israel respondia às questões da vida emergiam de um poder intelectual que o libertou da crença nos poderes míticos imanentes no mundo".[8] Se nenhuma criatura pode exigir culto e devoção, elas devem ser tratadas como dádivas postas no mundo nos termos de Deus. Desse modo, a relação com elas deve ser qualificada pelo próprio Deus, ou seja, por sua sabedoria. Esta é basicamente a epistemologia israelita:

> Israel atribui ao temor de Deus, à fé em Deus, uma função de alta importância em relação ao conhecimento humano. Ele era, com toda seriedade, da opinião de que o conhecimento efetivo sobre Deus é a única coisa que coloca o ser humano em um relacionamento correto com os objetos de sua percepção, possibilitando-o a fazer perguntas de forma mais relevante, moderar relacionamentos de maneira global e eficaz, para, assim, ter melhor consciência das circunstâncias.[9]

Observe que, nesse caso, tem-se a origem da irredutibilidade cosmológica e epistemológica tão prezada pela tradição reformada. O princípio ético evangélico de moderação a sexualidade, dinheiro, trabalho, ócio, palavras e vínculos políticos tem raízes na noção de Deus como o único que pode exigir devoção. Tudo está aí para ser desfrutado, mas jamais absolutizado. Não é possível confiar na transitoriedade sem o Absoluto,

---

[7] BROWN, W. S. (org.). *Understanding Wisdom*: Sources, Science & Society. Philadelphia: Templeton Foundation Press, 2000, p. 37.

[8] VON RAD, 1972, p. 297-298.

[9] VON RAD, 1972, p. 67-78.

em quem a vida encontra segurança. Deus normatiza, por sua sabedoria, a relação do indivíduo com todos os aspectos da realidade.

## SABEDORIA COSMOLÓGICA

O cosmos também é fonte de sabedoria. Porém, é importante lembrar que, aqui, deve-se entender "cosmos" nos termos da gramática canônica. Isso significa que a realidade é tratada como teogênica, monoteísta e relacional. Em outras palavras, tem origem em Deus, não admitindo outros absolutos, e, por causa de sua origem na Trindade, deve ser ontologicamente compreendida em redes de relações corretas.

Basicamente, o conhecimento cosmológico pode ser obtido de dois modos: o sistemático e o gnômico.[10] O primeiro prioriza o ordenamento lógico e analítico; envolve, em essência, o pensamento teórico. O segundo baseia-se na experiência ordinária, na intuição, e lida com *insights* pré-teóricos.

Os sábios consideravam a observação dos fenômenos naturais, culturais e das relações humanas uma porta para o conhecimento e um meio para a aquisição de sabedoria. Por essa razão, o livro de Provérbios elabora suas máximas explorando as metáforas das relações entre pessoas, fenômenos da natureza e manipulação de artefatos culturais. A sabedoria discursa na vida, e Deus ensina a sabedoria em uma linguagem ordinária. É curioso pensar que, nesse caso, a biblioteca dos sábios, além de estar nos pergaminhos, também se encontra na própria trivialidade, o que exige, por parte do sábio, encarnação intencional e centrada em Deus na própria vida comum.

Os sábios tinham a intenção de generalizar os padrões relacionais inferidos a partir da observação da criação. Uma vez que o cosmos reflete a sabedoria divina, foi criado e é sustentado por Deus, a conclusão é que ele seria lido e interpretado como um livro. Os *insights* daí inferidos

---

[10] CRENSHAW, 1997, p. 117.

# FONTES DE SABEDORIA

poderiam, então, ser compartilhados e, dessa forma, as pessoas poderiam ser formadas nessa sabedoria, de modo a compatibilizar suas vidas com a vontade de Deus e as normas presentes na criação:

> Os sábios de Provérbios imaginam Deus como Aquele que habita no mundo e, ao mesmo tempo, está fora dele [...]. Deus cria e sustenta a vida por meio das palavras de sabedoria, que também se encontram nos ensinos dos sábios. Deus é o arquiteto que, através da sabedoria, forma um cosmos, sustenta e enriquece a vida. Ele também é o legislador cujos decretos e julgamentos proveem uma estrutura legal e sapiencial para o governo do mundo e da vida humana.[11]

Observar o mundo envolvia extrair de seus fenômenos e de sua esperada regularidade princípios a serem aplicados à existência. Não há evidências de que os sábios de Provérbios tivessem a intenção de sistematizar, de modo taxonômico, os fenômenos com que se deparavam. Sua epistemologia é gnômica, intuitiva e experimental, como indicam os seguintes provérbios:

> O pote de refinamento é para a prata, e o forno é para o ouro, mas é Deus quem testa os corações (Provérbios 17:3, tradução livre).

> Como a porta se move em suas dobradiças, assim é o preguiçoso na sua cama (Provérbios 26:14, tradução livre).

> Um gotejar contínuo, um dia muito chuvoso e uma mulher contenciosa são semelhantes (Provérbios 27:15, *Jewish Publication Society*).

Esses provérbios foram produzidos a partir de uma rigorosa e criativa observação da vida ordinária — uma epistemologia que olha para o

---

[11] PERDUE, 1994, p. 122.

mundo não apenas para compreender fenômenos e obter conhecimento científico. O trabalho do ourives, uma porta rangendo e um dia de chuva intensa tornam-se fenômenos propícios ao escrutínio sapiencial, fornecendo analogias e metáforas que educam o coração do aprendiz. A abordagem experimental e sociointeracionista torna-se um chamado, pois "foi deixado aos humanos que buscassem essas lições da natureza e do comportamento humano. Os meios pelos quais eles faziam isso era a observação pessoal e, quando o *insight* emergia, era transferido, por analogia, da realidade natural para a realidade humana".[12]

A imaginação da sabedoria israelita fornecia as ferramentas para que o aprendiz da sabedoria tivesse condições de interpretar sua experiência no mundo. Os recursos analógicos empregados com fins didáticos, como será discutido, evidenciam um traço epistemológico. A interpretação é uma espécie de tradução, uma transposição de significado de um contexto para outro. Essa transposição de significado não é arbitrária; ela respeita determinadas regras, inclusive a de manter-se ao máximo leal a seu contexto original, mas, ao mesmo tempo, ser pedagógica, no sentido de acomodar e aplicar determinados conhecimentos a novos contextos.

A interpretação sapiencial desconfia da obviedade e busca dar relevo, alusividade, a fenômenos antes insignificantes. Em Provérbios, formigas, águias, cobras, sanguessugas, jovens seduzidos, barcos e atividades profissionais não passam despercebidos, tornando-se objetos de interpretação e dedução analógica. Segundo Crenshaw, "todas as respostas essenciais podem ser apreendidas na experiência [...] Essa visão de mundo assume um universo no mais profundo e rico senso da palavra. O único Deus embebeu de verdade toda a realidade. A responsabilidade humana consiste em buscar respostas e, então, aprender a viver em harmonia com o cosmos".[13]

---

[12] CRENSHAW, 1998, p. 121.
[13] CRENSHAW, 1981, p. 18.

No mundo da sabedoria, não há qualquer ruptura entre a formação do caráter (a dimensão moral) e a atividade intelectual. Ao contrário, o que se encontra em Provérbios é a integração entre conhecimento, ser e fazer. Isso se deve ao método sapiencial e à sua consideração à estrutura da criação. "Atenção à criação fornece um *contexto* gerador de *insight* sapiencial."[14] Nesse sentido, conhecer o mundo (macrocosmo) fornece algum tipo de normatividade à vida humana (microcosmo): "Se alguém descobre a ligação sapiencial entre mundo e vontade, o nexo entre criação e caráter, então chegará a um quadro heurístico, uma lente hermenêutica por meio da qual poderá, simultaneamente, entender a coerência sutil da sabedoria e sua impressionante diversidade".[15]

## SABEDORIA PEDAGÓGICA

Como já assinalado, a sabedoria bíblica tem suas referências epistemológicas, em primeiro lugar, em sua teologia e, dependente desta, sua cosmologia. A integração entre essas duas referências resultava em um conhecimento que precisava ser trabalhado, armazenado e transmitido de maneira comunitária e transgeracional. O depósito da fé é a escola dos sábios — os mediadores da tradição da sabedoria.

Apenas a título de comparação, as epistemologias pós-iluministas são basicamente individualistas e autocentradas, fruto da revolução copernicana produzida pelo racionalismo. Claro, isso traria consequências à integridade das relações comunitárias e do tecido social. A epistemologia moderna atomiza[16] as relações humanas, empoderando o indivíduo ao custo de desconectá-lo de uma rede de suporte moral e existencial.

---

[14] Brown, 2014, p. 5.
[15] Brown, 2014, p. 5.
[16] Taylor, C. *Philosophy and the Human Sciences*. Cambridge; New York: Cambridge University Press, 1985, p. 41-42.

A epistemologia sapiencial, por sua vez, produzia um conhecimento historicamente acumulado. Não apenas isso; o próprio empreendimento epistemológico se dava em um contexto de profundas conexões comunitárias. A sabedoria não era produzida de maneira autodidata, mas a partir de círculos de aprendizagem mediados pela presença de um tutor educacional, o sábio. A epistemologia sapiencial sempre deve ser compreendida dentro de seu escopo comunitário e pedagógico: "A sabedoria é e sempre foi encontrada em um diálogo entre a ordem estabelecida na criação e as novas formas em que essa ordem e essa vida nos são apresentadas. Para entender isso, viver bem em tal mundo requer ouvir o velho e o novo, com o máximo possível de opiniões sábias".[17]

Ligar-se a alguma tradição é algo inescapável, um fenômeno universal, tendo em vista a perpetuação de determinada comunidade. Mesmo o Iluminismo, como já dito, dependeu de alguma tradição.[18] A tradição ocupa-se da preservação e da transmissão transgeracional de um modo de conhecer e dos conhecimentos acumulados ao longo do tempo. O aprendiz não é apenas informado pela tradição; ele também é treinado por uma maneira específica de conhecer. A aprendizagem se dá por um tipo de interação sociocultural em que determinados códigos são interpretados e apreendidos pelos sujeitos cognoscentes a partir da interposição de um mediador cultural, que é o representante reconhecido daquela tradição intelectual.[19]

Há um aspecto que não pode ser subestimado quando se trata de detectar os contornos epistemológicos de uma tradição: "As tradições são linguísticas por natureza".[20] Essa linguagem pode ser oral, dramática ou

---

[17] MORGAN, 2002, p. 170.
[18] MACINTYRE, 1988.
[19] FEUERSTEIN, R. *Além da inteligência:* aprendizagem mediada e a capacidade de mudança do cérebro. Petrópolis: Vozes, 2014.
[20] PERDUE, 1994, p. 53.

## FONTES DE SABEDORIA

textual. Os humanos, além de seres da linguagem, também são seres que produzem, conservam, compartilham, revisam e dão forma às suas tradições. Isso significa que a "imaginação individual não é uma atividade autônoma",[21] mas ela mesma opera dentro de uma jurisdição comunitariamente tradicional. Nesse caso, os sábios dão forma a seu "mundo linguístico" e, assim, "através da memória, a fé e os ensinamentos morais são trazidos à consciência humana, a fim de se atualizarem na existência sapiencial".[22]

Os sábios são como mediadores de sentidos. Eles se colocam entre os aprendizes e o mundo, sempre considerando o temor do Senhor como ponto de partida epistêmico. A sabedoria encontra sua fonte no discernimento de um mundo dado, em um profundo senso de fé e confiança em Deus, e finalmente em uma comunidade epistêmica e pedagógica que transmite conhecimento e um modo particular de conhecer. Os sábios são os agentes da sabedoria, porém eles não educam de forma arbitrária; eles se valem de recursos pedagógicos específicos, a arte do *mashal*, tema a ser abordado no próximo capítulo.

---

[21] PERDUE, 1994, p. 53.
[22] PERDUE, 1994, p. 53.

CAPÍTULO 9

# O DISCURSO DA SABEDORIA E A COGNIÇÃO

O *mashal*, expressão que, em breve, será definida de forma mais precisa, refere-se a uma maneira de interagir com a tradição, a realidade, Deus e o próximo. O *mashal* encontra ressonância na antropologia dos sábios, no método da pedagogia sapiencial. Ao considerarem o ser humano nos termos da revelação canônica, os sábios educavam sendo leais à tradição teológica, cosmológica e pedagógica. Longe de formarem grandes cérebros, os sábios queriam atingir o coração (como já abordado) e formar membros responsáveis de determinada comunidade.

Provérbios é a principal referência e a origem da tradição de sabedoria de Israel.[1] Com base nessa tradição, é possível explorar a arte pedagógica dos mestres de Israel, o *mashal*. Os sábios, representantes da tradição, além de fornecerem saberes, também educavam seus aprendizes segundo uma forma muito particular de conhecer e responder aos desafios existenciais.

O livro de Provérbios parece lidar com questões prosaicas, mas é justamente em um contexto de relações pré-teóricas, de imersão irredutível no mundo, que emergem as analogias, metáforas e comparações, ou seja, maneiras mais intencionais e elaboradas de orientação para a existência diante de Deus e do próximo. Os sábios estão interessados em equipar

---

[1] DELL, 2006.

seus aprendizes a viver de forma sábia, e não apenas moral. A moralidade como um campo meramente comportamental e descolado da imaginação e do intelecto era simplesmente inconcebível no mundo da sabedoria. Operações mentais, representações imagéticas, jogos linguísticos e alusividades estéticas são amplamente empregadas na pedagogia dos sábios.

## O *MASHAL*

O título original de Provérbios de Salomão é *Mishley Shlomo*. Na verdade, o termo traduzido como "provérbios" na Bíblia é o substantivo constructo plural do termo *mashal*. *Mashal* (entre suas variantes) ocorre 17 vezes na obra, e pode ser uma referência a toda arte feita com palavras, mas, ao mesmo tempo, parece relacionar-se com a arte de *comparar*, a tradução literal do termo. De fato, traduzi-lo "apenas como 'provérbio' conduz a uma perda do amplo campo semântico do termo".[2] A expressão *mashal* remete a um uso analógico da linguagem, a um recurso retórico ou discursivo que possibilita a ampliação da experiência com a realidade:

> A etimologia da palavra sugere dois entendimentos: "governo" e "comparação". Em primeira instância, o termo aponta para o desejo de a sabedoria governar a vida. Através da incorporação do ensino da sabedoria, o sábio tem habilidade para reger ou controlar as vicissitudes da vida e ser bem-sucedido. A linguagem em si mesma tem poder, e o ensino sábio orienta um comportamento apropriado.[3]

Organizar o mundo, atribuindo-lhe sentido a partir de determinado discurso, afeta diretamente a forma como os sujeitos educados nessa realidade se relacionam com ela. Aqui, as implicações pedagógicas

---

[2] HARRIS, R. L.; ARCHER, G. L.; WALTKE, B. K. *Dicionário internacional de teologia do Antigo Testamento*. São Paulo: Vida Nova, 1998, p. 888.

[3] PERDUE, 1994, p. 64.

# O DISCURSO DA SABEDORIA E A COGNIÇÃO

são muito interessantes. É necessário considerar a analogia e a comparação proverbial como formas de transpor e transformar as experiências objetivas e corriqueiras, atribuindo-lhes um sentido elevado. Uma vez que tal sentido seja internalizado e apropriado pelo aprendiz como um princípio, a ideia é que ele possa aplicá-lo a outras situações de sua existência. A maioria dos provérbios tem a intenção de "revelar um princípio ou uma regra costumeira que possa ser usada para iluminar as situações de forma ampla".[4]

Talvez essa seja a razão para os tradutores da Septuaginta terem dado preferência ao termo grego *parabolé* como tradução para a palavra hebraica *mashal*. Pense em uma parábola côncava: o movimento parabólico representa um ponto de partida baixo, sua elevação a um clímax e, depois, a aplicação em outro ponto, porém no mesmo nível de sua origem. Metáforas e paralelismos proverbiais exploram esse movimento.

Nesse caso, o *mashal* deve ser entendido basicamente como a metáfora. Paul Ricouer, que dedicou grande parte de seu trabalho ao tema da metáfora, define-a como um recurso de linguagem que permite que uma palavra seja deslocada (o sentido literal do termo metáfora) de seu sentido estrito, de modo a extravasá-lo.[5] Esse movimento metafórico, típico das analogias, expande a experiência do real, permitindo generalizações cognitivas e imaginativas. Dessa forma, "a metáfora aparece como um instrumento cognitivo único para explorar o real".[6] A metáfora tem o poder de explorar fenômenos, experiências e contextos concretos, alocando-os para outros contextos semânticos. Observe os provérbios a seguir e suas metáforas:

---

[4] Clements, 2000.

[5] Ricouer, P. *The Rule of Metaphor*: The Creation of Meaning in Language. London; New York: Routledge, 2003.

[6] Vanhoozer, K. *Biblical Narrative in the Philosophy of Paul Ricouer*: a Study in Hermeneutics and Theology. Cambridge: Cambridge University Press, 1990, p. 57.

Se buscares a sabedoria como a prata e como a tesouros escondidos a procurares, então entenderás o temor do Senhor e acharás o conhecimento de Deus (Provérbios 2:4-5).

A vereda dos justos é como a luz da aurora, que vai brilhando cada vez mais, até ser dia perfeito (Provérbios 4:18).

O caminho dos perversos é como a escuridão; nem sabem eles em que tropeçam (Provérbios 4:19).

Passada a tempestade, o ímpio já não existe, mas o justo permanece firme para sempre (Provérbios 10:25).

As palavras agradáveis são como um favo de mel, são doces para a alma e trazem cura para os ossos (Provérbios 16:24).

Como águas profundas, são os propósitos do coração do homem, mas o homem de inteligência sabe descobri-los (Provérbios 20:5).

Como água fresca para a garganta sedenta é a boa notícia que chega de uma terra distante (Provérbios 25:25).

Todos esses provérbios exploram comparações metafóricas, pois exploram a imaginação e enriquecem o sentido do que está sendo ensinado. Quando se compara a água fria para quem tem sede com as boas notícias, fica claro que a ideia é justamente destacar o prazer, a sensação de alívio e bem-estar produzido pela experiência de receber notícias agradáveis. O sábio não subestima o poder analógico e sua capacidade de atingir memórias, lembranças e experiências, alcançando, dessa forma, níveis mais profundos das faculdades intelectuais e afetivas de seu aprendiz.

## O DISCURSO DA SABEDORIA E A COGNIÇÃO

Além de recurso literário, o *mashal* é também um meio didático que explora fundamentalmente a imaginação, expandindo o real e atribuindo-lhe um sentido enriquecido; portanto, extrai do real os princípios a serem aplicados na vida. Um provérbio que sintetiza essa habilidade didática com as palavras é aquele que diz: "A doçura no falar aumenta a aprendizagem" (Provérbios 16:21).

A aprendizagem se expande pelo uso de uma linguagem prazerosa, bela, bem-humorada e, eventualmente, exortativa, direta e instrucional. Afinal, "o que a linguagem muda é, ao mesmo tempo, nossa visão de mundo, nosso poder de comunicar e o entendimento que temos de nós mesmos".[7]

Em Provérbios, o *mashal* está a serviço da sabedoria. Como sua antropologia se nega a tratar o ser humano de forma analítica ou reduzida a um de seus aspectos constitutivos, os sábios preferem dirigir sua prática pedagógica em direção ao coração, especialmente à imaginação, como evidencia o uso amplo de metáforas: "As formas, a metáfora e a retórica, combinadas ao conteúdo, transmitem os valores e crenças dos sábios, de modo a provocar a imaginação e abrir as mentes, possibilitando-lhes, assim, aprender e refletir sobre Deus, o mundo e a existência humana".[8]

O estilo literário característico da tradição de sabedoria israelita é a "poesia didática".[9] Seu objetivo é a "instrução sistemática sobre algum tópico concreto".[10] Além disso, ela pressupõe a presença, mesmo que simbólica, de uma reconhecida "voz do instrutor". Em Provérbios, essa é uma característica marcante, principalmente na presença recorrente do tom instrucional baseado no padrão pai-filho (Provérbios 1:8,10,15; 2:1; 3:1,11,21; 4:10,20; 5:1,20; 6:1,3,20; 7:1; 19:27; 23:15,19,26; 24:13,21;

---

[7] VANHOOZER, 1990, p. 78.
[8] PERDUE, 1994, p. 69.
[9] VON RAD, 1972.
[10] TOOHEY, P. *Epic Lessons:* an Introduction to Ancient Didactic Poetry. London: Routledge; Taylor Francis, 1996, p. 2.

27:11), provavelmente uma analogia para a relação entre o "mestre" e o "aprendiz".[11] É importante mencionar ainda que a estrutura discursiva de uma "poesia didática" tem influência — e até mesmo origem — em algum tipo de "tradição oral",[12] o que se percebe pelo tom e o modo como esses textos são produzidos.

A poesia de Provérbios não tem um fim estético ou doxológico; ela tem uma finalidade formativa, e seu objetivo é fornecer um modo de perceber, interpretar e interagir com a realidade. A "percepção acontece precisamente *em* e *com* a concepção poética".[13] A percepção de Deus, do mundo e da vida em comunidade é mediada e interfaceada por uma imaginação poética.

## IMAGINAÇÃO, COGNIÇÃO E SABEDORIA

A imaginação é a "capacidade de a mente humana formar imagens, organizá-las em um todo coerente e provê-las de significado".[14] Sabe-se, a partir da psicologia sociointeracionista, que as imagens não são meras projeções pictográficas, mas uma evocação de experiências que emergem de uma combinação complexa de conceito e linguagem culturalmente construídos.[15] Em outras palavras, a imaginação depende diretamente da forma como a pessoa experimenta e lida com a realidade a partir de seu contexto moral e sociocultural. Nesse caso, valores, crenças, tradições, narrativas, memória, símbolos e experiências afetam diretamente a forma como o membro de dada comunidade imagina e organiza sua relação com o mundo.

---

[11] MURPHY, R. E. *The Tree of Life*: an Exploration of Biblical Wisdom Literature. 2. ed. Grand Rapids: Eerdmans, 1996, p. 93.

[12] TOOHEY, 1996, p. 3.

[13] VON RAD, 1972, p. 24.

[14] PERDUE, 1994, p. 50.

[15] VYGOTSKY, L. S. *A formação social da mente*: o desenvolvimento dos processos psicológicos superiores. São Paulo: Martins Fontes, 2008.

A distinção entre *imaginação comum* e *imaginação criativa* de Paulo Ricouer é relevante na tentativa de reconstituição do "imaginário social"[16] da tradição sapiencial bíblica. A imaginação comum serve para a organização da experiência diária e comum de acordo com a realidade. A imaginação criativa é "comumente designada como a construção de uma visão de mundo".[17] Esta última não apenas interpreta e organiza a realidade, como também afeta diretamente a forma como a pessoa se relaciona e age sobre o mundo. Há um elemento de transcendência na imaginação criativa, visto que ela projeta as ações do indivíduo a partir da crença em um bem último, afetando, portanto, sua relação moral e existencial com a realidade.

A metáfora é um importante elemento na dinâmica formativa para a sabedoria. Como ela fornece certa plasticidade e fluidez semântica às palavras, possibilita a existência de uma relação com a realidade mais enriquecida. É importante mencionar que o jogo analógico não é ilimitado e arbitrário. A própria estrutura da realidade, bem como a teologia dos sábios, fornece os limites e as possibilidades analógicas:

> Há um consenso de que as analogias são importantes em muitas formas de argumentação e inferências, seja na filosofia, na teologia ou nas ciências naturais. A maneira pela qual as analogias são geradas, validadas e aplicadas fornece um dos paralelos mais interessantes entre o cristianismo e as ciências naturais, esclarecendo seus pontos de convergência e divergência.[18]

É curioso pensar como o uso de um recurso poético, como, por exemplo, as analogias, na linguagem analítica e descritiva da ciência não é novidade na tradição canônica de Israel e do mundo antigo. Os sábios

---

[16] TAYLOR, 2004.
[17] PERDUE, 1994, p. 51.
[18] McGRATH, 2016, p. 211.

não lidavam com as palavras de forma ingênua; eles sabiam do poder formativo e do potencial interpretativo dos jogos linguísticos. Uma vez que Deus criou a realidade e a sustenta por meio de seu discurso e de sua sabedoria, faria todo sentido que a gestão da própria existência seguisse essa regra. Se o caos original foi superado pela ordem das palavras, evita--se o caos na vida, igualmente, pela palavra.

A abertura estrutural da realidade a determinadas transformação e mudança apresenta riscos, uma vez que as alterações podem ser operadas por agenciamento humano, e a tolice pode produzir péssimos resultados. Sem essa abertura, o mandato cultural seria inviável, mas não há como ignorar o potencial para o caos empreendido pelo uso irresponsável da liberdade humana. Por isso, certa normatividade é fundamental, certa noção de ordenamento e referência a Deus. O conhecimento não deve preceder a sabedoria. Por isso, metáforas, discursos e ensino eram meios de promover e perpetuar determinada ordem comunitária e cosmológica: "Metáforas de sabedoria, em outras palavras, não eram simples recursos literários; eram sistemas conceituais que recorriam a experiências corpóreas para estruturar comunidades sapienciais e capacitá-las a comunicar seus valores centrais às futuras gerações".[19]

É importante retomar a figura dos sábios como mediadores educacionais: "A língua dos sábios semeará o conhecimento" (Provérbios 15:7) e "Ouça o sábio e aumentará a aprendizagem" (Provérbios 1:5). Por ser a vida complexa, com algum potencial para o caos, por causa da toxicidade da tolice e do pecado, a sabedoria seria essencial para se manterem as conexões comunitárias e promover o florescimento do ser humano. Por essa razão, os sábios surgem como uma espécie de interface entre os aprendizes e a tradição teossapiencial.

---

[19] TILFORD, N. L. *Sensing World, Sensing Wisdom*: the Cognitive Foundation of Biblical Metaphors. Atlanta: SBL, 2017, p. 209.

## O DISCURSO DA SABEDORIA E A COGNIÇÃO

Os sábios são indivíduos experimentados na observação do mundo, na piedade religiosa, na pedagogia do *mashal*, além de versados no tesouro da tradição. Na antiguidade, sua principal tarefa era a transmissão cultural. A pedagogia de Provérbios valoriza o papel dos sábios na promoção e na humanização de seus aprendizes, o que se aproxima muito da ideia pedagógica de "aprendizagem mediada".[20]

Esse conceito sustenta que o desenvolvimento humano depende de *mediadores* ou sujeitos iniciados que se interponham entre o mundo e o aprendiz. Atualmente, esse paradigma da psicologia do desenvolvimento e da pedagogia tem raízes na teoria sociointeracionista, a qual postula a forma pela qual a formação intelectual depende das relações comunitárias e de determinada tradição: "A internalização das atividades socialmente enraizadas e historicamente desenvolvidas constitui o aspecto característico da psicologia humana; é a base do salto qualitativo da psicologia animal para a psicologia humana".[21]

Não há processos verdadeiramente intelectuais sem um horizonte sapiencial. De alguma forma, o Ocidente atomizou a epistemologia, o que resultou em certa busca por controle e poder técnico — uma epistemologia que impõe subjetividades sobre a realidade. O pêndulo inclinou-se para a liberdade e a autonomia individual. De uma forma curiosa, é justamente aí que está a "sabedoria que perdemos com o conhecimento" (T. S. Eliot). Hipervalorizamos o indivíduo e sua expressividade psicológica, mas, contraditoriamente, os processos formativos são comunitários e socialmente localizados. A sabedoria depende de conexões comunitárias, princípios agregadores, inteligência coletiva e saberes acumulados. A própria educação é socialmente dependente:

---

[20] FEUERSTEIN; FEUERSTEIN; FALIK, 2010.
[21] VYGOTSKY, 2008, p. 65.

A ESCOLA DO MESSIAS

Todas as funções no desenvolvimento da criança aparecem duas vezes: primeiro, no nível social e, depois, no nível individual; primeiro, entre pessoas (esfera interpsicológica) e, depois, no interior da criança (esfera intrapsicológica). Isso se aplica igualmente à atenção voluntária, à memória lógica e à formação de conceitos. Todas as funções superiores têm origem nas relações reais entre indivíduos humanos.[22]

A sabedoria reconhecia certo nível de livre agenciamento humano, embora nos limites de possibilidade de uma ordem criacional considerada boa. A sabedoria não opera por uma antropologia ingênua, não subestima a capacidade humana para a tolice, a impulsividade e a cobiça desenfreadas. As afeições desordenadas podem sabotar a vocação intelectual.

A tolice tem relação justamente com a desconexão de Deus e da sabedoria comunitária. O tolo é alguém que sofre do que se pode chamar "síndrome de privação cultural".[23] Esse é, basicamente, um tipo de distúrbio de aprendizagem que afeta o desenvolvimento humano pela exclusão ou a privação de uma pessoa em relação aos códigos e às maneiras como determinado contexto comunitário interpreta e opera na realidade. Para evitar a tolice de uma epistemologia atomizada, os sábios operavam por meio de uma pedagogia deliberada, envolvida com a "transmissão cultural", que é

um fenômeno atemporal e universal. Todas as culturas, religiões e sistemas sociais aspiram por continuidade prática e ideológica. Frequentemente, assume-se que a continuidade intergeracional ocorre de forma automática por mero enaltecimento do comportamento cultural normativo básico ou pela realização de rituais religiosos. Um argumento central [...] é que a mediação deliberada é necessária para forjar a transmissão cultural.[24]

[22] VYGOTSKY, 2008, p. 64.
[23] FEUERSTEIN; FEURSTEIN; FALIK, 2010.
[24] FEUERSTEIN, 2003, p. 23.

# O DISCURSO DA SABEDORIA E A COGNIÇÃO

A transmissão cultural exige a presença de um mediador cognitivo. Alguém iniciado que se coloque entre o aprendiz e o mundo. O mediador é alguém familiarizado com a tradição, com uma epistemologia e um método de ensino (didática). Nesses termos, a mediação, a prática do mediador, seria "a qualidade de interação entre o organismo e o meio — produz-se pela interposição de um ser humano iniciado e intencionado, que medeia o mundo e o organismo, criando no indivíduo a propensão ou a tendência à mudança, por meio da interação direta com os estímulos".[25]

Enfim, o que se pode perceber é que a epistemologia canônica, longe de ser uma atividade meramente técnico-intelectual, aprecia o conhecimento como servo da sabedoria. Conhecer está a serviço do ser; a epistemologia está a serviço da ontologia. A sabedoria está na raiz do cristianismo como uma excelente referência para sua maneira peculiar de se colocar no mundo. O intelectual cristão não está envolvido apenas com o sucesso de suas descobertas; ele é movido por um horizonte maior. Sua existência está imersa em um mundo fundado pela inteligência divina, e sua vida deve ser condizente com a ordem do Criador. Seu esforço e sua inteligência não operam de maneira solitária e atomizada; antes, estão enraizados em um contexto comunitário e dependem de uma sabedoria histórica e canonicamente consagrada. O intelectual cristão não pensa sozinho; pensa com os outros.

---

[25] GOMES, C. M. A. *Feuerstein e a construção mediada do conhecimento*. Porto Alegre: Artmed, 2002, p. 80.

# SEÇÃO 4

## A ESCOLA DO MESSIAS

CAPÍTULO 10

# A SABEDORIA ENCARNADA

Nos capítulos anteriores, foram explorados os contornos de uma epistemologia sapiencial bíblica. A epistemologia da sabedoria, da forma como desenvolvida dentro do cânon da Bíblia Hebraica, opera nos limites de uma teologia, de uma cosmologia e de uma pedagogia específicas. Foi possível atestar a relevância dessa epistemologia pré-moderna para todo cristão que se preocupa com uma teoria do conhecimento que faça jus à sua lealdade às Escrituras Sagradas como referência de revelação teológica.

Quando se trata da tradição israelita da sabedoria, é fundamental levar em conta seu desenvolvimento desde a tradição bíblica do Antigo Testamento, mas também em períodos posteriores, para, enfim, compreender seu uso peculiar durante a revelação de Jesus. Considerando-se o fato de que a tradição sapiencial bíblica oferece um riquíssimo subsídio para se compreender as referências canônicas de uma epistemologia cristã tardia, pode-se, finalmente, retomá-la em seu impacto na cristologia e na eclesiologia.

Uma epistemologia cristã deve resistir a qualquer racionalidade desenraizada de sua teologia, cosmologia e pedagogia. A autorrevelação de Deus dentro da história canônica, a origem e o governo de Deus na estrutura da criação, a tradição e a preocupação formativa de uma comunidade, tudo isso criou o contexto adequado à revelação do próprio Cristo. Portanto, uma epistemologia que se julgue cristã resistirá a todas as forças que tentam secularizá-la ou desconectá-la da história ou da realidade criada.

Nestes últimos e conclusivos capítulos, é possível perceber de que maneira a tradição da sabedoria de Israel forneceu: (1) o contexto para a autorrevelação de Deus em Jesus Cristo, na qualidade de Sabedoria e *Logos* divino, ou seja, uma *cristologia da sabedoria*; (2) Jesus Cristo como *locus epistemológico* e sua escola de formação integral; e, finalmente, (3) os desdobramentos sapienciais do discipulado na Igreja cristã como incubadora de virtudes e comunidade epistêmica.

## SABEDORIA: EVOLUÇÃO DO TERMO

Apesar de ter sua origem no cânon bíblico, no contexto da tradição judaica, o conceito de sabedoria sofreu adaptações e abrangência em momentos posteriores.[1] Na literatura do período intertestamentário, percebe-se que cada vez mais a sabedoria foi se aproximando da noção judaica de *Torá*, o que está evidenciado em excertos ao longo de obras como Eclesiástico (Ben Sirá), Sabedoria de Salomão e, mais tarde, na leitura rabínica.

A associação entre Sabedoria e Torá é explícita no comentário exegético judaico de Provérbios de Salomão, conhecido como *Midrash Mishlei*. Também se percebe essa associação em trechos do Talmude e da obra *Pirkei Avôt* (Ética dos Pais). Porém, antes disso, há o encontro entre o judaísmo pós-exílico e o mundo grego, fornecendo uma importante síntese entre ḥoḥmah (sophia) e *Logos*, da forma como se encontra nas reflexões do filósofo judeu Fílon de Alexandria (20 a.C.—50 d.C.).

Ben Sirá, identificado como o autor judeu de Eclesiástico, em um nítido esforço apologético quanto à ameaça da sabedoria idólatra dos gentios (gregos), lançou-se em um projeto anti-helenista, afirmando a

---

[1] BLENKINSOPP, J. *Wisdom and Law in the Old Testament*: the Ordering of Life in Israel and Early Judaism. Oxford; New York: Oxford University Press, 1990; CRENSHAW, J. L. *Education in Ancient Israel*: across the Deadening Silence. New York: Doubleday, 1998.

## A SABEDORIA ENCARNADA

superioridade e a especificidade da sabedoria judaica. Já no prólogo de sua obra, ele associa, explicitamente, a sabedoria de Israel ao que está preservado no cânon hebraico como um todo:

> Toda sabedoria vem do Senhor [...] Antes de todas essas coisas, foi criada a Sabedoria, e a inteligência prudente existe desde sempre. A fonte da Sabedoria é a Palavra de Deus nos céus; seus caminhos são as leis eternas [...] A ciência da sabedoria a quem apareceu? [...] Desejas a sabedoria? Guarda os mandamentos e o Senhor dar-te-á em profusão; porque o temor do Senhor é sabedoria e instrução (Eclesiástico 1:1,4,7,26).

Os ecos de Provérbios são evidentes, porém, cada vez mais, essa sabedoria assume características de um *nomismo sapiencial*,[2] ou seja, a sabedoria é a norma do bem-viver entregue por Deus a Israel em forma de Torá (instrução). Observe os seguintes trechos de Eclesiástico: "A sabedoria, a ciência e o conhecimento da Lei [Torá] vêm do Senhor, dele vêm o amor e a prática das boas obras" (Eclesiástico 11:15-16). "Tudo isso é o livro da Aliança do Deus Altíssimo, a Lei que Moisés promulgou, a herança para as assembleias de Jacó" (Eclesiástico 24:23).

Esses trechos, em conjunto com o todo da obra, possibilitam perceber "o livro como uma defesa do judaísmo, com base no argumento de que Israel tem sua própria sabedoria, a qual é superior àquela dos gregos".[3] Ben Sirá, que não era exatamente um filósofo, fez um esforço importantíssimo para utilizar a linguagem da sabedoria bíblica a fim de aproximar o documento do pacto, a Torá, oferecendo uma síntese que pavimentaria o caminho para uma filosofia particular — nesse caso, uma que fosse baseada em todo o cânon da Bíblia Hebraica.

---

[2] Nomismo sapiencial é um meio de identificar o momento em que a noção israelita de sabedoria se funde com a Torá (lei — *nomos*).

[3] BLENKINSOPP, 1990, p. 141.

Outra importante contribuição que vai nessa direção é a obra Sabedoria de Salomão, cuja autoria é identificada pelo pseudônimo de Baruch, um judeu anônimo. Essa obra sapiencial intercanônica é explícita em identificar a Sabedoria presente também nos principais eventos do cânon hebraico (Antigo Testamento). O autor busca conectar a presença da Sabedoria de Adão a Moisés (10:1-14) e no Êxodo (10:15—11:3). Finalmente, percebem-se os ecos da noção de *mente* e *logos* divinos associados à sabedoria divina:

> A Sabedoria é mais móvel que qualquer movimento e, por sua pureza, tudo atravessa e penetra. Ela é eflúvio do poder de Deus e imagem de sua bondade. Por outro lado, sendo só, ela tudo pode; sem nada mudar, tudo renova e, entrando nas almas santas de cada geração, delas fez amigos de Deus e profetas; pois Deus ama só quem habita com a Sabedoria. Ela é mais bela que o sol, supera todas as constelações; comparada à luz do dia, sai ganhando, pois a luz cede lugar à noite, ao passo que sobre a Sabedoria não prevalece o mal (Sabedoria 7:24-30).

Esses são os ecos de como a Sabedoria foi produzindo novas sínteses e um novo vocabulário que, mais tarde, forneceriam o cenário e a linguagem para a formação da cristologia e, por consequência, a própria sabedoria do cristianismo. Os cristãos não precisam tratar as obras não canônicas de sabedoria como literaturas proibidas, mas devem reconhecê-las como literaturas antigas, de alta relevância, na formação de determinado modo de pensar e imaginar a sabedoria. Nesse caso, essa será a gramática, o contexto teológico e filosófico em que a autorrevelação de Deus encontraria sua expressão mais radical: na Encarnação do Verbo ou, como veremos, na Encarnação da própria Sabedoria.

## CRISTOLOGIA SAPIENCIAL

Há paralelismos consistentes entre a linguagem cristológica do Novo Testamento e a literatura de sabedoria do Antigo Testamento e do período

## A SABEDORIA ENCARNADA 161

intertestamentário. A linguagem da tradição da sabedoria israelita canônica e extracanônica fornece as regras do jogo terminológico, no qual é possível perceber o contexto discursivo, os traços de uma imaginação teológica que, junto com a tradição profética de Israel, "preparam o caminho do Senhor" (Isaías 40:3).

Estudos acadêmicos importantes[4] apontam para os ecos da linguagem sapiencial por trás da preexistência do Logos, na operação messiânica terrena de Jesus e na cristologia da Igreja primitiva. Há tanta riqueza nesse segmento dos estudos bíblicos sobre Jesus que se abriu um campo específico denominado "Wisdom Christology" (Cristologia da Sabedoria). Dunn é explícito: "Então, é claro que a tradição da Sabedoria (preexistente) influenciou em vários pontos a cristologia do NT [...]. Jesus estava sendo identificado com a Sabedoria".[5]

A sabedoria é encarnacional, intra-histórica e profundamente interessada na vida. Claro, isso se deve à sua cosmologia, à noção de que "o SENHOR, com sabedoria, fundou a terra; com inteligência, estabeleceu os céus." (Provérbios 3:19). A sabedoria em Provérbios assume uma característica hipostática (Provérbios 8), como, mais tarde, foi explorado pelos debates trinitários e cristológicos. Mas foi do encontro entre sabedoria e escatologia que se pavimentou o caminho para a expectativa de uma "sabedoria encarnada". Uma demonstração desse caminho intermediário é o conhecido trecho de Ben Sirá:

---

[4] DUNN, J. D. G. *Christology in the Making*: A New Testament Inquiry into the Origins of the Doctrine of the Incarnation. London: SCM, 2003; EBERT, D. J. *Wisdom Christology*: How Jesus becomes God's Wisdom for us. Phillipsburg: P&R, 2011; HENGEL, M. *Studies in Early Christology*. London; New York: T&T Clark International, 2004; WITHERINGTON, B. *Jesus the Sage*: the Pilgrimage of Wisdom. Minneapolis: Fortress Press, 2000.

[5] DUNN, 2003, p. 167.

Saí [a sabedoria] da boca do Altíssimo e como a neblina cobri a terra [...]. Junto de todos estes procurei onde pousar e em qual herança pudesse habitar. Então, o criador de todas as coisas deu-me uma ordem, aquele que me criou armou a minha tenda [*skenen*] e disse: "Instala-te em Jacó, em Israel recebe tua herança". Criou-me antes dos séculos desde o princípio, e para sempre não deixarei de existir (Eclesiástico 24:3,7-9).

A dependência do trecho de Ben Sirá em relação a Provérbios 8 é evidente. A passagem "Criou-me antes dos séculos desde o princípio" está muito próxima de "Desde a eternidade fui estabelecida, desde o princípio, antes do começo da terra" (Provérbios 8:23). Além disso, o trecho que se refere a uma sabedoria que procede da "boca de Deus" (como sua palavra e seu discurso) e que procura onde "habitar" na terra remete à passagem em Provérbios que diz: "Regozijando-me no seu mundo habitável e achando as minhas delícias com os filhos dos homens" (Provérbios 8:31).

Como já mencionado, já na época do Segundo Templo (o período de revelação e encarnação do *Logos*), "tanto para o judeu de Alexandria como para o judeu da Palestina, a sabedoria de Deus era incorporada e se expressava mais plena e claramente na Torá".[6] Isso é importante: depois dessas novas sínteses, a Sabedoria acaba assumindo um sentido que incorporou a Torá em seu escopo. Aqui, a Torá deve ser entendida como a instrução e a ordem de Deus que foram reveladas a Moisés. Lembre-se: o pecado introduz o "caos" e a "tolice" no cosmos; a Torá, por sua vez, seria a instrução divina e a normatização para uma vida "ordenada", de acordo com o ensino e o governo de Deus. Nesse sentido, a associação entre Torá e Sabedoria parecia realmente inevitável dentro da história de Israel (Deuteronômio 4:6).

---

[6] DUNN, 2003, p. 167.

## A SABEDORIA ENCARNADA

163

Observe como esse é um material riquíssimo na pavimentação para o prólogo do Evangelho de João, que se vale de todo esse repertório de uma sabedoria hipostática[7] para transformá-la em sabedoria messiânica e encarnada. Talvez a única diferença seja o fato de que, em vez do termo grego feminino *sophia*, João se vale de um equivalente conceitual no masculino, *logos*, para descrever que "o *logos* estava com Deus" (João 1:1), que "Ele estava no princípio com Deus", que "todas as coisas foram feitas por intermédio dele" (v. 2-3) e, finalmente, que o "Verbo se fez carne e habitou [*eskenosen*] entre nós" (v. 14). É importante mencionar que o verbo *eskenosen* (εσκηωσεν) utilizado em João 1:14, traduzido por "habitou", deriva do substantivo *skené* ("tenda") do trecho já citado de Eclesiástico 24:8.

Alguns estudiosos da tradição da sabedoria perceberam que, ao longo do tempo, a sabedoria foi apresentando traços personificados. Ela assume a voz na primeira pessoa do discurso em Provérbios 8. Esse padrão é ampliado em obras não canônicas de sabedoria (Eclesiástico; Sabedoria de Salomão). A conclusão, principalmente entre os acadêmicos que estudam a relação entre sabedoria e cristologia, é que a sabedoria torna-se hipostática. E especialmente entre os teólogos da patrística, essa é uma apropriação cristológica que será amplamente utilizada. O termo hipóstase foi uma importação da doutrina da Trindade e significa algo que seja pessoalmente (substancialmente) distinto entre duas entidades, mas que, ao mesmo tempo, compartilha uma natureza comum. Na Trindade, refere-se à diferença entre Pai, Filho e Espírito Santo, que, nesse caso, são hipóstases distintas de uma única e mesma na natureza (Deus). Como a Sabedoria (particularmente em Provérbios 8) apresenta características hipostáticas? Quando se vê que ela é procedente e cocriadora, já

---

[7] Hipóstase é um termo técnico utilizado pela teologia com sentido de *substância*. Nesse caso, a sabedoria é hipostatizada quando em Provérbios 8 e em textos sapienciais extracanônicos ela aparece personificada e não como um conceito.

se percebem traços do que, mais tarde, seria a base para a teologia de João acerca da encarnação do *Logos*.

Os paralelos entre teologia da sabedoria e cristologia no Novo Testamento são impressionantes. Vários ditos de Jesus, João, Paulo e Hebreus apontam para uma associação entre sabedoria hipostática e *Logos* Encarnado.[8] Uma teopedagogia torna-se evidente na encarnação, e Cristo é a própria Sabedoria corporificada e dramatizada.

## JESUS CRISTO COMO A SABEDORIA

Jesus Cristo, a Sabedoria que habitou o mundo, é o portador por excelência do *mashal*. De alguma forma, Cristo reorganiza o real, e sua história, seus ensinos e suas parábolas (a tradução de *mashal* para o grego na Septuaginta) oferecem uma narrativa alternativa, uma mudança de perspectiva que tem o próprio Jesus como centro de gravidade. "Jesus Cristo é a Palavra e a Sabedoria de Deus, o Revelador e o Redentor: o caminho, a verdade e a vida."[9] As expressões "caminho", "verdade" e "vida" são amplamente utilizadas como metáforas e analogias nos textos de sabedoria antigos, especialmente em Provérbios, para descrever a sabedoria. Qualquer judeu religioso associaria o discurso de Jesus sobre si mesmo à linguagem da sabedoria.

Jesus Cristo é o "discurso divino" presente na forma humana, a Sabedoria Encarnada. Sua biografia dramatiza a vida do Reino, a nova humanidade e a retomada do destino humano em direção ao que significa ser a imagem de Deus. Ser discípulo de Cristo é abraçar a nova vida e aprender com ele. A matrícula na escola de Jesus Cristo exige iniciar a caminhada abraçando sua morte e a ressurreição pela fé. Somente assim, a partir do Evangelho, o discípulo se lança aos pés da Sabedoria, Jesus Cristo,

---

[8] DUNN, 2003, p. 153-212.
[9] VANHOOZER, 2005, p. 13.

que oferece "vida plena" (João 10:10). Foi por meio dele que "a graça e a verdade" vieram ao mundo (João 1:17). Ele é aquele que é "maior do que Salomão" (Lucas 11:31); "poder e sabedoria de Deus" (1Coríntios 1:24); a sabedoria "que nenhum dos poderosos deste século conheceu" (1Coríntios 2:8).

A associação entre Jesus e a Sabedoria pode soar belíssima, mas é custosa em ambientes e contextos não cristãos. A encarnação do *Logos* era inconcebível no mundo grego. De fato, esse era o grande escândalo do cristianismo para a mentalidade bárbara, helênica e judaica, e continua sendo na atualidade. É curioso pensar o Cristo que é a "pedra angular" da epistemologia cristã e, por sua vez, uma "pedra de tropeço" para a mente do homem moderno. Uma amostra do desconforto com a doutrina cristã da encarnação é o trecho da polêmica contra o cristianismo, do filósofo platônico Celso, em 175 d.C.:

> Deus é bom, belo e feliz, e existe no estado mais belo. Se ele, então, desce até os homens, deve passar por uma mudança, uma mudança do bom para o mau, do belo para o vergonhoso, da felicidade para a miséria, e daquilo que é melhor para o que é mais vil. Quem escolheria uma mudança dessa? [...] Portanto, Deus não poderia sujeitar-se a uma mudança dessas [...] Ou Deus muda, como dizem os cristãos, e assume um corpo mortal; e já se disse que isso é impossível. Ou ele não muda e faz com que aqueles que o veem julguem que ele tenha mudado, confundindo-os, dizendo mentiras [...] Caros judeus e cristãos, nenhum Deus, nenhum Filho de Deus, jamais desceu [dos céus] ou gostaria de fazê-lo.[10]

O *Logos* era concebido entre os gregos como o princípio ordenador do mundo, o que, naturalmente, aproxima-se muito da cosmologia

---

[10] Os escritos de Celso foram, em sua maioria, preservados em trechos citados na obra de Orígenes *Contra Celso*.

sapiencial. A grande diferença é que, na cristologia de João, o *Logos* é associado também ao discurso divino, que, seguindo a noção da tradição da sabedoria israelita, torna-se uma espécie de hipóstase, ou seja, a Palavra (*Logos*) de Deus é funcionalmente distinta, mas ainda tem a mesma natureza da divindade. Nesse caso, o *Logos* associa-se à natureza de Deus, mas, ao mesmo tempo, apresenta sua faceta imanente. O que escandaliza Celso é justamente o fato de a divindade haver assumido a temporalidade — de fato, um grande choque para uma mente platônica.

C. S. Lewis apresenta, em belíssima linguagem, a maneira divina de se revelar. Era de se esperar que a revelação de Deus fosse de alguma maneira surpreendente e não previsível à mente humana. O modo e o conteúdo de sua autorrevelação deveriam causar espanto inclusive às pretensões da razão humana:

> [A história da encarnação] não é transparente à razão: não poderíamos tê-la inventado. Ela não tem a lucidez apriorística suspeita do panteísmo ou da física newtoniana. Tem, isso sim, o caráter aparentemente arbitrário e idiossincrático que a ciência moderna nos vem ensinando lentamente a tolerar neste nosso universo voluntarioso [...]. Se uma mensagem qualquer oriunda das profundezas da realidade quisesse nos atingir, é de esperar que encontrássemos nela essa imprevisibilidade, essa anfractuosidade obstinada e extraordinária que encontramos na fé cristã. Ela tem o toque de mestre — o sabor brutal e másculo da realidade, que não foi criada por nós e, de fato, nem para nós, e que nos é arremessada contra o rosto.[11]

Qualquer pessoa envolvida com um projeto de intelectualidade cristã deve considerar que ela opera a partir do que é um escândalo epistemológico. Os cristãos sempre serão desafiados a dar razão pública de sua fé e da maneira como sua compreensão da realidade afeta seu modo de lidar

---

[11] Lewis, C. S. *The Problem of Pain*. San Francisco: HarperSanFrancisco, 2001, p. 13.

## A SABEDORIA ENCARNADA

com a vocação intelectual, profissional ou cultural. Pode haver um custo concreto? Sem dúvida. O martírio sempre será um risco para os cristãos comprometidos com o Evangelho. Portanto, o discípulo de Cristo deve ter consciência de que, mais cedo ou mais tarde, sua epistemologia entrará em choque com valores, percepções e racionalizações não cristãs:

> Visto que, na sabedoria de Deus, o mundo não o conheceu por sua própria sabedoria, Deus achou por bem salvar os que creem por meio da loucura da pregação. Porque os judeus pedem sinais e os gregos buscam sabedoria, mas nós pregamos o Cristo crucificado, escândalo para os judeus, loucura para os gentios [...] Mas, vós sois dele, em Cristo Jesus, o qual se tornou, da parte de Deus, sabedoria (1Coríntios 1:21-23,30).

A revelação de Jesus foi oculta dos "sábios e entendidos" e foi revelada aos pequeninos (Mateus 11:25). Jesus Cristo é aquele que é "maior do que Salomão" (Mateus 12:42), pois ele é a própria sabedoria. O intelectual cristão precisa lidar com o fato de que seu projeto epistemológico sempre estará sob a boa ameaça de um Cristo escandaloso. Toda a sua vida, seu empenho intelectual e o trabalho vocacional orbitam e são afetados pela autorrevelação da Sabedoria de Deus em Jesus Cristo. Ele é o princípio ordenador, aquele por meio de quem toda realidade veio à existência. Tudo caminha em direção a ele (Hebreus 1:2, Colossenses 1:15-20) pelo simples fato de o cosmos ser cristocêntrico.

Jesus Cristo é a encarnação da Palavra, a Sabedoria, a *Torá* e o *Logos*. Cada um desses substantivos, quando combinados, fornece um quadro cristológico amplo. Cristo é a Palavra criadora, a Sabedoria ordenadora, a instrução que é dada do céu e o princípio lógico da própria realidade. Se Deus está prestes a redimir e restaurar toda a criação por seu Cristo, parece evidente que o faça falando, como o fez quando criou:

Por muito tempo, Deus falou várias vezes e de diversas maneiras aos nossos antepassados por meio dos profetas. E agora, nestes últimos dias, ele nos falou por meio do Filho, o qual ele designou como herdeiro de todas as coisas e por meio de quem criou o universo. O Filho irradia a glória de Deus, e expressa de forma exata o que Deus é e, com sua palavra poderosa, sustenta todas as coisas (Hebreus 1:1-3a, NVT).

O esforço do apóstolo João em sua epístola é apresentar a Sabedoria em pessoa, de maneira tridimensional, o discurso divino na forma humana: "Quem é este que até o vento e o mar lhe obedecem?" (Marcos 4:41). Ele é o Cristo, o Filho do Deus vivo, que chama e convida seus discípulos a imitá-lo, ou melhor, a se moldar de acordo com sua sabedoria.

CAPÍTULO 11

# O DISCIPULADO
# DO MESSIAS

A tarefa do discipulado cristão é formar pessoas que já foram reconciliadas com Deus, por meio de Jesus, no poder do Espírito Santo, com vistas a incorporar sua identidade como filho ou filha de Deus. O que significa ter a biografia raptada por uma história maior. Por isso, Jesus disse a um de seus discípulos: "Vem e me segue!". Nesse caso, o regenerado é lançado em uma *corrida* — expressão que, a propósito, deu origem ao termo *currículo*. Nascemos como filhos de Deus pela graça, fomos justificados mediante a fé, mas agora temos de ser tutoreados pelo Espírito Santo, de modo que a identidade atribuída e a justiça imputada sejam também incorporadas.

A atividade intelectual cristã não é meramente uma tentativa de artificializar um controle racional rigoroso sobre as informações obtidas pelos sentidos ou a cultura. Pensamento, desejo, devoção e ação integram-se no que a Bíblia chama de *sabedoria*. Os cristãos não operam de forma meramente abstrata; eles mergulham na realidade tal como foi dada, mas o fazem sem perder de vista o horizonte escatológico inaugurado pela obra consumada de Cristo. Não há abstração ou descolamento da vida do cristão de sua atividade intelectual. Tudo se conecta, uma vez que ele sabe que suas competências estão a serviço da glória de Deus e do bem do próximo.

Enfim, Cristo é a Sabedoria encarnada, o que significa que, além de fonte, ele também é um exemplar em forma humana do que é uma vida sábia. Basicamente, essa é a pedagogia divina. Um bom professor sabe dar bons exemplos. Cristo é o *mashal* por excelência. A linguagem e a cristologia da sabedoria abrem um horizonte epistemológico no qual o ser humano pode se ver aprendendo e conhecendo integralmente. Por outro lado, isso levanta uma questão central a respeito de uma vida virtuosa, da integração entre conhecimento e o saber viver propriamente dito. Se, por um lado, a fé cristã resiste a ser reduzida a uma mera religião moral, por outro, claramente há prescrições e desdobramentos morais para a vida cristã. Como uma fé baseada nos feitos de Deus está relacionada com nossos feitos? Ao afirmar que Cristo é também um exemplar de vida sapiencial, não cairíamos em uma espécie de pelagianismo que reduz Jesus a um mero mestre moral?

## TEOLOGIA COMO SABEDORIA

Daniel J. Treier abriu uma importante investigação, no sentido de tratar a teologia como um empreendimento sapiencial.[1] Seu esforço consiste em oferecer uma alternativa às tendências da teologia moderna, que pendulam entre o "cognitivismo-proposicional" e o "experiencialismo-expressivista", problema já denunciado por alguns teólogos pós-liberais.[2] O empreendimento teológico sapiencial de Treier está relacionado com a sensibilidade de seu mentor teológico, Kevin Vanhoozer, que encontrou na teologia da sabedoria um campo que fornece categorias que "nos ajudam a superar o feio abismo entre teoria e prática".[3]

O que se tem é a busca por uma terminologia que consiga integrar teoria e prática na teologia — nesse caso, um conhecimento de Deus

---

[1] TREIER, D. J. *Virtue and the Voice of God*: Toward Theology as Wisdom. Grand Rapids: Eerdmans, 2006.

[2] LINDBECK, G. A. *The Nature of Doctrine: Religion and Theology in a Postliberal Age.* Philadelphia: Westminster, 1984.

[3] VANHOOZER, 2005, p. 13.

# O DISCIPULADO DO MESSIAS

que afeta integralmente aqueles que o conhecem. Tal teologia incluiria "contemplação, reflexão discursiva, afeição e ação",[4] uma vez que a teologia parece sempre estar em tensão entre essas perspectivas. "Sabedoria" parece ser realmente um termo bíblico privilegiado na superação do dilema: "Porque a totalidade da experiência tem muitas facetas para além da dimensão racional, ela não deve ter como seu objetivo em primeiro lugar a compreensão racional, mas a sabedoria: um agir concreto, de modo que faça justiça a toda a riqueza da realidade".[5] Como já abordado, a tradição sapiencial evoluiu em importantes sínteses teológicas e filosóficas, o que resultou, enfim, no contexto discursivo adequado à revelação cristológica. Nesse caso, uma teologia como sabedoria e, por consequência, uma epistemologia sapiencial cristã deveriam operar sempre a partir de Cristo, não apenas como fonte, mas como a própria Sabedoria.

Com razão, alguns teólogos bíblicos contemporâneos vêm enfatizando a importância de recuperar o Evangelho como algo que, além do sofrimento, da crucificação, da morte e da ressurreição de Cristo, inclua também sua vida e missão. Há conteúdo evangélico entre o Natal e a Páscoa! Nesse sentido, a ênfase consiste em considerar que o Evangelho implica não apenas no fato de que Cristo morreu por nós, mas que também ele nasceu e viveu por nós.[6] O que isso significa?

Jesus Cristo inaugura uma nova vida em sua ressurreição — uma vida que não implica apenas um *lugar no mundo vindouro*, mas também um *lugar no mundo presente*. Entretanto, não é tratar o temporal como se fosse eterno, mas entender que a peregrinação com Cristo tem suas implicações para a vida agora. Lembre-se de que a linguagem da sabedoria fala de caminho, vida, jornada e comportamento. Em um mundo de tolices, Cristo aparece como luz da sabedoria. Sua existência é um convite para que o sigamos.

---

[4] TREIER, 2006, p. 31.
[5] BLOMBERG, 2007, p. 21.
[6] WRIGHT, N. T. *Como Deus se tornou rei*. Rio de Janeiro: Thomas Nelson Brasil, 2019.

## 172 A ESCOLA DO MESSIAS

Outra contribuição importante em tratar o discipulado sob uma perspectiva da sabedoria de Israel é lembrar a relação entre tradição e realeza. Teólogos que enfatizam o Reino de Deus tendem a ignorar essa importante relação sintetizada na monarquia de Salomão. Ele é o rei que reina com sabedoria. O governo de Cristo não seria diferente, exceto pelo fato de que ele é maior do que Salomão (Mateus 12:42; Lucas 11:31).

## CONFORMAÇÃO OU IMITAÇÃO DE CRISTO?

Sob o ponto de vista de uma cristologia sapiencial, fica nítido que a biografia de Jesus Cristo, e não apenas sua paixão, é de alto interesse do cristão que se encontra com os evangelhos. Talvez por isso tais narrativas (que abrangem nascimento, missão, morte e ressurreição) são chamadas de evangelhos. O Evangelho é o Cristo todo, e isso significa que o que a cruz fez também foi dar acesso à escola de Cristo, cujo conteúdo é toda a sua pessoa e toda a sua obra:

> Pela fé, o crente é conformado a Cristo — ou, mais acertadamente, o processo de conformação a Cristo tem o seu início [...] Pela fé, o crente é apanhado em uma nova visão da vida, uma nova estrutura de existência, incorporada paradigmaticamente em Jesus Cristo — tanto em sua proclamação como em sua pessoa, os crentes revelam essa história de Jesus Cristo.[7]

O discipulado cristão tem como base a conformidade ou a imitação de Cristo. O alvo antropológico do discípulo é Jesus, e a vida cristã é *cristomórfica*.[8] Jesus é "a própria encarnação daquilo para o que fomos feitos, do fim para o qual fomos chamados",[9] e cada cristão é convocado a

---

[7] McGrath, 2007, p. 38-39.
[8] McGrath, 2007, p. 39.
[9] Vanhoozer, 2005, p. 13.

# O DISCIPULADO DO MESSIAS

assumir esse figurino, o revestimento de Cristo é um mandato apostólico (Romanos 13:14). Mas como isso é possível? "Ao sermos regularmente imersos no drama de Deus em Cristo",[10] como o *mashal*, a pessoa e a obra de Cristo, da forma como são registradas nos Evangelhos, funcionam como um paradigma, uma parábola encarnada, a ser reproduzida por cada um que se une a ele pela fé. Jesus Cristo não é apenas um argumento irrefutável, mas também uma pessoa irrefutável. A sabedoria é encarnada, personificada e incorporada, assumindo um lugar no tempo e no espaço em Cristo.

A conformação com Cristo é um caminho de transformação existencial que fornece os meios para uma vida significativa, prudente e equipada com as virtudes que tornam o cristão mais sábio. O risco de uma "ortodoxia morta" é real. O zelo doutrinário, desacompanhado de educação virtuosa e mudança profunda nas afeições, pode resultar em uma anomalia nos desdobramentos da obra de Jesus no cristão. O que a graça faz também é colocar o cristão como alguém revestido de Cristo (Gálatas 3:27). Ele anda pela fé em uma vida frutífera, por estar enraizado no próprio Jesus (João 15:5), salvo para realizar boas obras (Efésios 2:10): "A imitação é, portanto, o fruto, e não a precondição, da fé. Tornar-se cristão é começar o processo, não tanto de *conformar-se*, como de *ser conformado*, a Cristo".[11]

São Tomás de Aquino referia-se à virtude como a "lei internalizada". Um conceito que se aproxima muito da noção de que uma pessoa sábia é alguém "equipado" a dar respostas mais eficientes às armadilhas da tolice e do pecado: "A virtude é o que acontece quando decisões sábias e corajosas tornam-se 'a segunda natureza' [...]. Como uma preferência adquirida, essas escolhas e ações, que, no início, eram praticadas

---

[10] SMITH, 2017, p. 126.
[11] MCGRATH, 2007, p. 39.

com dificuldade, acabaram se tornando, sim, uma 'segunda natureza'".[12] Assim, bons hábitos são *virtudes*, enquanto maus hábitos são *vícios*, e ambos funcionam como "tendências naturais e disposições automáticas de agir de certas maneiras".[13]

A formação virtuosa é muito diferente de mero moralismo ou legalismo. A virtude é uma "qualidade humana adquirida".[14] O virtuoso é alguém que descobriu o brilho de um bem tão preciso que, por causa dele, desenvolveu novos hábitos que formam internamente a disposição do coração, concedendo o poder de dar respostas adequadas aos desafios morais e existenciais com os quais ele depara. Basicamente, a vida sábia é uma vida virtuosa.

O fruto do Espírito (Gálatas 5:22), descrito por Paulo, vale-se de várias virtudes. Essas virtudes não são regras legais às quais é preciso obedecer, mas disposições morais específicas que se integram tão eficazmente à vida do discípulo que se tornam uma espécie de segunda natureza. De fato, "contra essas coisas, não há lei" (Gálatas 5:23). Não faz sentido dizer "não furtarás" (Êxodo 20:15) àquele que tem a virtude da honestidade, por exemplo. Porém, a teologia de Paulo vai além: a ideia é que, para um cristão, não basta "não roubar", é necessário ser generoso; não basta "não adulterar", é necessário amar a esposa como Cristo amou a Igreja; não basta "não mentir", é necessário ser um amante da verdade e assim por diante.

A graça oferece razões completamente novas e condições espirituais inéditas para uma vida que transcende o mero legalismo e uma vida moralmente correta. A graça conforma o cristão a Cristo, portanto a uma

---

[12] WRIGHT, N. T. *Eu creio e agora? Por que o caráter cristão é importante.* Viçosa: Ultimato, 2012, p. 32.

[13] SMITH, 2018, p. 56.

[14] MacINTYRE, A. C. *After Virtue: a* Study in Moral Theory. 3. ed. Notre Dame: University of Notre Dame Press, 2007, p. 191.

# O DISCIPULADO DO MESSIAS

vida sábia e virtuosa. Não basta haver mudança comportamental; é necessário haver transformações existenciais profundas.

Por isso, o apóstolo Tiago, ao perceber a ameaça antinomista, a primeira versão de um tipo de hipergraça, prescreveu a necessidade de "perseverança" para que o cristão "seja perfeito e íntegro" (Tiago 1:4). Para tanto, insiste o apóstolo: "Se algum de vocês tem falta de sabedoria, peça-a a Deus, que a todos dá livremente, de boa vontade; e ser-lhe-á concedida" (v. 5). Aqui, a sabedoria indicada distingue-se daquela que é "terrena, animal e demoníaca" (3:15). Admoesta o apóstolo Tiago: "Quem entre vós é sábio e inteligente? Mostre em mansidão de sabedoria, mediante condigno proceder, as suas obras" (v. 13). Afinal, "a sabedoria, porém, lá do alto é, primeiramente, pura; depois, pacífica, indulgente, tratável, plena de misericórdia e de bons frutos" (v. 17).

O que é interessante no conceito de sabedoria — da forma como tratada na Bíblia Hebraica, em sua aplicação cristológica e em seus desdobramentos para a prática cristã (santificação) — é que está longe de ser um formalismo legalista. Sabedoria é uma formação fundada em Cristo, dirigida a Deus como alvo e operada pelo Espírito Santo. O papel do Espírito Santo é fundamental, uma vez que é ele quem habilita o coração à obediência voluntária (Jeremias 31:31-33; Ezequiel 36:26-27). Portanto, *hohmah* tem o importante sentido de ser uma habilidade ou uma competência, a capacidade de fazer o que é certo e compatível com a ordem de Deus no mundo e para o bem do próximo. "Sabedoria cristã diz respeito a viver bem com outros perante Deus."[15]

Ser sábio, em sentido cristão, consiste, em primeiro lugar, em reconhecer que Cristo é a sabedoria que o "Senhor possuía no início de suas obras mais antigas" (Provérbios 8:22), aquele que foi "estabelecido desde o princípio, antes do começo da terra" (v. 23), o "arquiteto" de toda a criação

---

[15] VANHOOZER, 2005, p. 332.

(v. 30), a sabedoria em quem Deus tinha prazer (v. 30) e que encontrou suas "delícias com os filhos dos homens" (v. 31). Aquele que "se nos tornou da parte de Deus sabedoria, e justiça, e santificação, e redenção" (1Coríntios 1:30).

Uma vez em Cristo, o cristão pode olhar para a sabedoria da Bíblia Hebraica com "olhos desvendados" (2Coríntios 3:15-18) e desfrutar, sob o "temor do Senhor", as orientações e o *mashal* de Israel para que sua vida brilhe a glória daquele que salva os pecadores da alienação da criação e os reinsere no mundo de Deus. Prudência, discernimento, entendimento, domínio próprio e inteligência são redimidos para um serviço ativo que faz com que os outros homens, ao verem suas boas obras, "glorifiquem a Deus" (Mateus 5:16).

## CRISTOLOGIA, SOTERIOLOGIA E AXIOLOGIA

A teologia liberal tem alto interesse nos ensinos morais de Jesus, principalmente como parte de seu projeto de demitologização. Entretanto, tal empreendimento parece, com frequência, uma tentativa de remitologizá-lo a partir das narrativas modernas ou pós-modernas. No fim, é um esforço para submetê-lo aos "nossos conceitos de moralidade, aos nossos próprios padrões".[16] Essa tentativa de impor agendas ou particularismos culturais é simplesmente uma tentativa de domesticação da autorrevelação de Deus em Cristo. Como já abordado, a sabedoria de Deus escandaliza a sabedoria dos homens. Os cristãos ortodoxos assumem a onerosidade do escândalo: "O ensino de Cristo tem autoridade e validade de acordo com quem ele é: Deus encarnado".[17]

O Novo Testamento segue um padrão, particularmente nas cartas de Paulo: *a descrição antecede a prescrição*, ou seja, a doutrina antecede as

---

[16] McGrath, 1991, p. 290.
[17] McGrath, 1991, p. 291.

## O DISCIPULADO DO MESSIAS

orientações práticas e pastorais. É bom lembrar, como alguns autores vêm insistindo, que o "*corpus* doutrinário" encontrado no Novo Testamento, particularmente nas cartas, emergiu do discernimento da autorrevelação de Deus na Bíblia Hebraica à luz dos eventos, da obra e pessoa de Jesus Cristo. Depois da descrição doutrinária, o padrão apostólico é a prescrição ética derivada daquela. Em resumo, nós vemos o seguinte padrão de construção doutrinária:

1. A tradição teológica canônica da Bíblia Hebraica
2. A pessoa e a obra de Cristo (cristologia)
3. A doutrina apostólica (teologia descritiva)
4. A ética cristã (teologia prescritiva)

A tradição intelectual evangélica reconhece em Cristo a fonte e o paradigma de uma vida redimida, porém não o faz nos termos do liberalismo teológico ou de um tipo exemplarismo pelagiano. O pelagianismo propunha uma soteriologia mimética, ou seja, a salvação pela imitação do exemplo de Cristo. Nesse caso, Jesus era reduzido a mero exemplo moral. A abordagem cristológica ortodoxa procura integrar a pessoa e a obra de Cristo com a ética cristã, não sacrificando aquela por causa desta. Jesus Cristo não é um mestre moral; ele é Deus em carne, a Sabedoria e o Logos no mundo. Além disso, o cristão é regenerado pelo poder do Espírito Santo e unido a Cristo, de quem, enfim, procedem todas as graças que o convidam a uma crescente aprendizagem que vai conformando o crente a Cristo.

Alister McGrath (1991), em um ensaio intitulado "De que maneira Jesus pode ser um exemplo moral para os cristãos?", faz um excelente trabalho ao criticar as abordagens liberais e racionalistas que tendem a reduzir Jesus Cristo a mero exemplo ou mestre da moral. Ele apresenta críticas importantes a essa tentativa de domesticação de Cristo, algo que lhe soa como um enfraquecimento da própria cristologia.

O exemplarismo fracassa, pois, em seu esforço de aproximar moralmente Cristo do ser humano, acaba por sacrificar a pessoa e a obra de Cristo, ao mesmo tempo que subestima a condição caída do ser humano. Em termos teológicos, para se afirmar uma soteriologia exemplarista, os liberais precisam murchar a cristologia e inflar a antropologia. Obviamente, essa é uma tentativa nítida de colocar Cristo curvado sob o ser humano. O fracasso dos eticistas associados a essa tradição reside justamente em uma percepção de ser humano (antropologia) que não leva em conta o abismo existencial e moral entre os seres humanos e Cristo, reduzindo, ao mesmo tempo, a pessoa de Cristo (cristologia) à condição de mero mestre da moral a ser seguido.

Parece que o problema não é apenas dos liberais. Alguns evangélicos identificados com uma teologia ingênua tendem a esse tipo de abordagem soteriológica, em maior ou menor grau. Na ansiedade de encontrarem uma resposta à hipocrisia e à contradição comportamental de alegados cristãos, cujas vidas não fazem jus ao nome que carregam, alguns acabam por afirmar a imitação de Cristo como uma saída soteriológica. Mas a ortodoxia evangélica não pode falhar em apresentar uma resposta à altura desse problema. De fato, como afirmar uma ética cristã que emerge da obra e da vida de Cristo sem cair em uma espécie de neopelagianismo?

Um bom começo seria partir de uma alta cristologia, de preferência nos termos como se apresenta nas Escrituras. Afinal, "se Jesus é, de fato, Deus encarnado, então seu ensino é, de fato, para ser levado com grande seriedade".[18]

Colocar-se diante de Jesus como a Sabedoria não se relaciona com uma soteriologia epistêmica, um tipo de gnosticismo. A Sabedoria é

---

[18] McGRATH, A. "In What Way Can Jesus Be A Moral Example For Christians?", Journal of the Evangelical Theological Society, v. 34, n. 3, 1991, p. 295.

consequência de um processo anterior, que, inclusive, coloca o ser humano em uma posição reconciliada com Deus (justificado), para que, então, algo *prescritivo* lhe seja apresentado. A sabedoria a ser desenvolvida pelo cristão vem de sua participação e de sua transformação como súdito do Reino de Deus e como alguém que foi unido a Cristo.

## ONDE LOCALIZAR A AUTORIDADE MORAL DE JESUS PARA OS CRISTÃOS?

"Não imitamos Cristo de maneira exterior, como se fosse por meio de uma recapitulação ou de uma imitação de sua existência que seríamos salvos."[19] Cristo realizou algo por meio de sua vida, morte e ressurreição que, de forma eficaz, pode transformar a vida humana, inclusive moralmente. Nesse sentido, a justificação se aproxima como o motor e a causa da transformação moral dos crentes. Ela "torna disponível, como um dom, um novo modo de existência, um novo estilo de vida, que capacita os crentes a viverem de tal maneira que suas ações correspondam às de Jesus".[20] Dessa forma, ao contrário da soteriologia exemplarista, a alta cristologia, ou seja, a pessoa e a obra de Jesus, em sua plena divindade e humanidade, fazem algo eficaz no ser humano, a ponto de sua biografia ser afetada pela própria obra de Cristo.

Há uma operação eficaz do próprio Deus, por meio de Cristo, em transformar as obras do cristão. Toda ação e todo comportamento análogos a Jesus tornam-se, portanto, obras do próprio Cristo no cristão. Tal transformação chega a níveis tão profundos que o discurso e as ações do cristão justificado e regenerado tornam-se meios de divulgação da revelação da história de Jesus. Por essa razão, McGrath opta pela expressão luterana "conformação com Cristo" como uma descrição adequada à

---

[19] McGRATH, 1991, p. 296.
[20] McGRATH, 1991, p. 296.

noção de imitação de Cristo (1Coríntios 11:1). Nesse caso, a imitação é resultado da fé, sua consequência natural.

Paulo mantém esse padrão quando dedica boa parte de seus escritos a descrever, minuciosa e profundamente, a grandeza de Jesus Cristo e as implicações de seus feitos, para, enfim, prescrever as práticas de obediência como resposta de fé. Os "ensinos cristológicos são fundamentados de tal forma que a cristologia fornece tanto as pressuposições da situação existencial do cristão como o padrão para sua conduta".[21] É claro que a justificação não deveria ser tratada como resultado de mero consentimento confessional, mas como uma operação que resulta em profunda união entre o cristão e Cristo. Tal união faz com que o cristão se conforme ao próprio Jesus. "Na justificação, somos incorporados em Cristo e, na santificação, vemos o processo de exteriorização dessa mudança em nossa condição, na medida em que nos tornamos o que realmente somos."[22]

O tom providencial da tradição sapiencial, que diz que Deus "dá a sabedoria" (Provérbios 2:6) e convida, dizendo: "Quem é simples, volte-se para aqui. Aos faltos de senso, diz: Vinde, comei do meu pão e bebei do vinho que misturei" (Provérbios 9:4-5), oferece um tom de graça e *providência*. A justificação e a união com Cristo criam as condições para que o cristão se maravilhe com a vida e a biografia de Jesus Cristo da forma como narradas nos Evangelhos. Na medida em que se maravilha, é afetado de dentro para fora pelo próprio Cristo. Uma pessoa que tem sua vida cada vez mais entrelaçada com a de Cristo pode dizer como Paulo: "já não sou eu quem vive, mas Cristo vive em mim. E esse viver, que agora tenho na carne, vivo pela fé no Filho de Deus, que me amou e se entregou por mim" (Gálatas 2:20).

---

[21] McGRATH, 1991, p. 297.
[22] McGRATH, 1991, p. 297.

## O DISCIPULADO DO MESSIAS

A união com Cristo, enfim, abre um horizonte de obediência com base na habilitação do coração no poder do Espírito Santo (Jeremias 31:33; Ezequiel 36:26-27). Há uma internalização de sabedoria/palavra/ lei e, de glória em glória, o cristão vai, com o rosto desvendado diante da revelação, conformando-se à imagem de Cristo pelo poder do Espírito Santo (2Coríntios 3:17-18). Cristo está permanentemente presente no cristão por meio do Espírito, que o guiará a toda verdade (João 16:13).

CAPÍTULO 12

# IGREJA E LITURGIA: SABEDORIA DOXOLÓGICA

Após a sua ressurreição e antes de sua ascensão, Jesus deixou uma ordem pedagógica aos discípulos para que seguissem pelas nações e, assim, formassem alunos, batizando-os e ensinando-os tudo que ele lhes havia dito (Mateus 28:19). Porém, a tarefa de proclamar e educar seria operada com o auxílio de uma promessa: o Consolador, o Espírito Santo. Nesse caso, a operação contínua de Cristo é pneumatológica. Além de animar os discípulos nesse poder, ele forma uma comunidade. Mais do que salvar indivíduos — é bom destacar —, Deus está constituindo um povo (Efésios 2:19-22; 1Pedro 2:9).

A Igreja cristã é um ajuntamento visível e santo dos reconciliados e batizados na Trindade, os quais se colocam ao redor da história da salvação e da revelação de Deus da forma como ela é comunicada nas Escrituras. A Palavra — nesse caso, o próprio Cristo — continua (re)criando coisas e operando a obra de restauração de todas as coisas. A Igreja cristã é um sinal escatológico de que Cristo é o Senhor e que a história está destinada a se encontrar diante de seu trono lá na frente.

O desgoverno, a desordem, o caos e a tolice, tão recorrentes no gênero humano, evidenciam o mundo de iniquidades no qual os seres humanos se encontram. A "cidade dos homens" é fundada em autoafeição, razão pela qual rejeita a sabedoria. Entretanto, como disse o próprio Jesus: "Eu venci o mundo" (João 16:33). O triunfo de Cristo na cruz e na ressurreição é uma espécie de garantia, de "spoiler" divino, dizendo: "Agora, vocês já sabem para onde a história está caminhando". Um dia, o "conhecimento do Senhor encherá a terra como as águas cobrem o mar" (Habacuque 2:14).

No lugar da tolice, surge a sabedoria que emerge do próprio Cristo. A guerra travada na existência de cada cristão contra o pecado, o diabo e o mundo é uma reprodução microcósmica da guerra macrocósmica de Cristo contra todo o mal. Não é simplesmente uma questão de mudança de comportamento. Se Cristo governa o cosmos e o fará de forma visível um dia, e se cada cristão é alguém com data para ressurgir dentre os mortos, as afeições desordenadas, o pecado e a morte devem recuar — agora. O governo escatológico de Deus no mundo é antecipado no governo de Deus na Igreja e em cada cristão. Ter uma vida virtuosa é muito mais do que simplesmente ter uma vida moralmente correta; é tornar-se ativa e profeticamente testemunha da vitória escatológica da Sabedoria contra toda a ignorância e toda a tolice dos homens.

> Do tronco de Jessé sairá um rebento e, de suas raízes, um renovo. Repousará sobre ele o Espírito do Senhor, o Espírito de sabedoria e de entendimento, o Espírito de conselho e de fortaleza, o Espírito de conhecimento e de temor do Senhor (Isaías 11:1-2).

## A IGREJA E A FORMAÇÃO SAPIENCIAL

A escola de Jesus tornou-se uma "comunidade epistêmica",[1] uma "comunidade de prática"[2] e uma "incubadora de virtudes".[3] Parece intuitivo constatar que grande parte da tarefa metodológica do discipulado cristão

---

[1] McGrath, 2016.

[2] Wenger, E. *Communities of Practice*: Learning, Meaning, and Identity. Cambridge: Cambridge Univ. Press, 2008.

[3] Smith, J. K. A. *Aguardando o Rei: reformando a teologia pública*. São Paulo: Vida Nova, 2020.

## IGREJA E LITURGIA: SABEDORIA DOXOLÓGICA

consiste na superação do dualismo entre teoria e prática. Há uma tensão real entre as crenças intelectualmente organizadas e uma prática que corresponda a tais crenças. Quando valores são incorporados, quando a ordem divina de "não cobiçar" transforma-se em "contentamento", a vida torna-se uma espécie de testemunho vivo de uma nova realidade e de um novo horizonte que se aproxima.

O apóstolo Paulo explora a analogia de que os cristãos são "cartas vivas" (2Coríntios 3:1-3). Nesse texto importante, parece que o apóstolo ecoa as profecias da Bíblia Hebraica: viria uma nova aliança em que a lei seria escrita na mente e no coração (2Coríntios 3:6 e Jeremias 31:31), e uma nova disposição produzida pelo Espírito Santo habilitaria a pessoa a obedecer e observar os "estatutos" e "juízos" do Senhor (Ezequiel 36:26-27). Paulo sintetiza: "Não que, por nós mesmos, sejamos capazes de pensar alguma coisa, como se partisse de nós; pelo contrário, nossa suficiência vem de Deus" (2Coríntios 3:5).

Parece razoável concluir que, se a virtude é uma internalização da lei (o que resulta em obediência orgânica e em reação à atuação do Espírito Santo), essas profecias apontam para uma era de transformação da humanidade — uma transformação tal que os seres humanos seriam realocados e restaurados à ordem da criação e ao governo de Deus. O Reino de Deus exige pessoas que saibam circular e operar nessa nova realidade. Uma ordem de relações corretas é uma ordem justa e sábia.[4]

Justiça é a força divina que permeia toda a realidade, preservando-a de modo que não volte ao caos. A realidade é construída como um reino regulado por leis divinas que, combinadas, abrangem a justiça cósmica. Pela obediência às leis e aos ensinos de sabedoria, os humanos participam da ordenação dessa realidade.[5]

---

[4] McIntire, C. T. *The Legacy of Herman Dooyeweerd*: Reflections on Critical Philosophy in the Christian Tradition. Lanham: University Press of America, 1985.

[5] Clements, 1992, p. 332.

A tradição da sabedoria passou por uma evolução ao longo do tempo. O judaísmo rabínico — o judaísmo da época de Jesus — aproximava bem os termos "sabedoria", "palavra" e "Torá", quase tratando-os como noções equivalentes.[6] Isso é importante, pois a aproximação entre "sabedoria" e "lei" abre um importante horizonte a respeito do discipulado cristão. Pois agora, a lei de Deus, ou seja, sua sabedoria, vai se integrando à existência de cada cristão regenerado e salvo pela graça.

O discipulado cristão acontece em um contexto no qual as Escrituras são lidas com o "rosto desvendado" (2Coríntios 3:18). Esse é o "ministério do Espírito" (v. 8), o cristão contempla a "glória do Senhor" (v. 18) revelada na leitura pública das Escrituras e, então, ocorre uma "transformação de glória em glória" à imagem de Deus.

O discipulado cristão acontece a partir de relações em um ambiente específico. A Igreja cristã é uma comunidade e um contexto litúrgico que forma as pessoas para uma vida sábia. Mas como essa formação acontece no contexto da igreja visível e local? Sugiro quatro círculos formativos que acontecem na e a partir da igreja local: *culto, instrução, comunhão* e *missão*.

O "arco narrativo do culto cristão" — ou seja, os momentos de liturgia cristã — é uma espécie de "macroencenação do relacionamento entre Deus e a criação".[7] Porém, não os percebo apenas como momentos de culto, mas também como contextos formativos que derivam da ordem litúrgica do culto cristão. Os serviços pedagógicos são realizados nesse contexto, a partir da estrutura institucional da igreja local. Portanto, nesse cenário, a pedagogia cristã se dá na integração entre eclesiologia e liturgia.

---

[6] BLENKINSOPP, 1990.
[7] SMITH, 2017, p. 132-133.

## CONTEXTOS PEDAGÓGICOS DA IGREJA

A igreja local cultua e adora a Deus; a igreja prega, ensina, pastoreia e catequiza a partir das Escrituras Sagradas; promove a comunhão dos santos pelo partir do pão, a partilha de bens e a hospitalidade; equipa e envia os santos para a vida missional, o engajamento cultural e serviços de misericórdia. Cada um desses círculos formativos — culto, instrução, comunhão e missão —oferece contextos de uma vivência comunitária cristocêntrica de discipulado e formação sapiencial.

### CULTO

Em Provérbios, o princípio da sabedoria e do saber é o "temor do Senhor", expressão que remete à piedade e ao culto. Temer a Deus significa responder à revelação de quem Deus é. O espanto e o maravilhamento diante da regência de Deus sobre o mundo e seu desvelar exigem uma vida condizente com esse conhecimento.

O culto cristão é a reunião visível dos santos em expressão de maravilhamento e reconhecimento do Deus único, que é Pai, Filho e Espírito Santo. Em termos teológicos, a liturgia cristã é essencialmente doxológica. O nome de Deus foi revelado a Moisés com um verbo — "Eu Sou o que Sou" (Êxodo 3:14) —, mas só foi revelado como substantivo quando o Filho foi introduzido no mundo: "Eu lhes fiz conhecer o teu nome e ainda o farei conhecer" (João 17:26). Somente na consumação da história, Deus foi, enfim, revelado pelos três substantivos sacros: "Pai, Filho e Espírito Santo" (Mateus 28:19).

O serviço público de adoração é a celebração da autorrevelação do Deus Trino e dos grandes atos reveladores e salvadores que ele realizou e que estão registrados no cânon bíblico. A liturgia geral do culto estrutura-se no reconhecimento de Deus; no reconhecimento da pecaminosidade humana; na apreciação do perdão; nos cânticos e salmos de maravilhamento e gratidão; na exposição ao discurso divino pela palavra pregada;

nos gestos de generosidade e oferta; na mesa de comunhão dos santos; e no envio sob a bênção apostólica.

O culto baseia-se em uma estrutura litúrgica na qual o cristão tem seus ritmos de vida e sua própria história capturada por uma história maior. Na vivência comunitária de adoração cristã, encontra-se a exibição de um Deus que se revela no tempo e cuja história é pregada e anunciada, tornando-se um convite para que os eleitos façam parte desse drama divino. A adoração cristã se dá pela mediação de Cristo, cujas intercessão e justificação aproximam os pecadores reconciliados a Deus. Em Jesus Cristo e em seu sacerdócio, as criaturas justificadas e transformadas em filhos e filhas de Deus se aproximam de um Pai Santíssimo, sem temor. E, finalmente, o Consolador, o Espírito Santo, tem como função básica dar testemunho (João 15:26) e unir o cristão com Cristo (Romanos 8:9-11).

O culto exige simultaneidade corpórea e unidade espiritual e congregacional entre os crentes. A noção de corporeidade é fundamental, pois a liturgia cristã resiste a qualquer tendência gnóstica que rejeita a fisicalidade e a materialidade. O culto cristão se expressa em gestos físicos como ajoelhar, levantar, tomar o pão, beber o vinho, erguer as mãos em adoração, fechar os olhos, fazer orações responsivas e comunitárias. Uma espécie de "visão sacramental do mundo", que é a noção de que "a substância física e material da criação e da encarnação é o meio pelo qual a graça de Deus nos encontra e toma conta de nós".[8]

Finalmente, o culto cristão resiste ao naturalismo, que é uma tendência, no imaginário moderno, a afirmar que o ser humano habita em um sistema fechado à graça. Para os naturalistas, "a natureza é tudo que existe". Ao contrário, o culto cristão anuncia que céus e terra estão reconciliados[9] e que Deus continua governando com sabedoria seu mundo e que tudo é graça.

---

[8] SMITH, 2018, p. 143.
[9] WRIGHT, N. T. *Surpreendido pela esperança*. Viçosa: Ultimato, 2009.

## IGREJA E LITURGIA: SABEDORIA DOXOLÓGICA

## INSTRUÇÃO

A Igreja cristã tem, entre seus ofícios mais importantes, a instrução, no sentido de que é basicamente uma comunidade que cultiva práticas formativas que se baseiam no ensino, no evangelismo, no aconselhamento, no discipulado e na pregação. A Igreja cristã é um tipo de comunidade da aprendizagem. O programa pedagógico da Igreja não tem por objetivo primário informar intelectualmente, mas formar pessoas para uma vida plantada em Cristo. Quanto mais enraizada e integrada está a vida do cristão com a pessoa de Jesus, mais virtudes serão cultivadas e mais o fruto do Espírito crescerá.

No contexto da igreja local, a educação cristã acontece em histórias canônicas, exposições bíblicas, formação catequética, declarações credais, ensino bíblico, treinamento missionário e instrução doutrinária. O projeto pedagógico da igreja situa o cristão dentro de um panorama narrativo que cobre desde a criação, passando pelo drama cristológico e chegando à esperança cristã da restauração de todas as coisas. A repetição dos ciclos formativos e de um currículo comunitário permite aos cristãos de uma comunidade verem a si mesmos como parte de uma história comunitária muito maior do que suas individualidades.

A tradição da sabedoria bíblica aprecia a importância do ensino e da instrução, mas não como um meio para educar cérebros e mentes. O ensino e a instrução têm como objetivo a formação do coração, alcançando o centro da devoção humana e maravilhando o indivíduo de modo que seus desejos sejam calibrados na direção do próprio Deus.[10] Um coração crescentemente cativo pelo Deus Trino há de exigir de toda existência humana maior devoção ao que é amado. Tal devoção tende a disciplinar os hábitos e o comportamento, energizando as disposições morais a se exercitar na prática de boas obras. Dessa forma, as virtudes começam a ser formadas.

---

[10] SMITH, 2017; 2018.

## COMUNHÃO

A comunhão diz respeito ao senso de corpo, de catolicidade e de vida comunitária local. Dramatizado pelo sacramento da Ceia, cada membro do Corpo de Cristo está conectado mutuamente com todos os outros santos, partilhando um Único Pão (1Coríntios 10:17). Tal conexão só é possível pela comunhão do Espírito Santo e a mediação de Cristo entre os que se relacionam. A comunhão cristã provém do fato de que Cristo não é apenas mediador da relação entre o ser humano e Deus, mas entre ser humano e ser humano.[11] Sem Cristo como interface das relações comunitárias, a igreja, possivelmente, apenas reproduziria as inimizades que são inerentes a todos os humanos, exigindo uma normatização das relações por força da lei, como acontece no direito secular. Porém, em Cristo, Deus deu cabo, em primeiro lugar, da inimizade do ser humano com Deus, para, enfim, resolver o problema da inimizade entre ser humano e ser humano (Efésios 2:14-16).

Deve-se lembrar que, em grande medida, o trabalho dos sábios de Israel consistia em recuperar a noção de que Deus salvou o mundo do caos pela Palavra/Sabedoria. Sendo o caos uma ameaça que está sempre à espreita desde a queda em Adão, agora mostra sua face disforme na tolice humana. A Sabedoria seria o meio de manter a tolice longe, ou seja, se o caos cósmico foi controlado pela Sabedoria divina, o caos moral e existencial deve ser contido pelo mesmo princípio. Tensões relacionais associadas a ressentimento, intolerância, ódio, preconceito e racismo, por exemplo, são o caos na ordem criacional e relacional intencionada por Deus no mandato social (Gênesis 2:18). Mas essas tensões têm raízes na própria queda, representada pela violência de Caim contra Abel, seu irmão. Na raiz da tolice relacional, está um caos comunitário decorrente do pecado e da ruptura com Deus.

---

[11] BONHOEFFER, D. *Vida em comunhão*. São Leopoldo: Sinodal, 2009.

# IGREJA E LITURGIA: SABEDORIA DOXOLÓGICA

A comunhão dos santos só é possível por causa da comunhão com Deus. Os vínculos refeitos com a comunidade trinitária viabilizam a formação de uma comunidade sapiencial chamada Igreja. A salvação e a reconciliação com Deus só poderiam resultar, enfim, na formação de uma comunidade de gente mutuamente reconciliada. Por isso, agora, ela pode partilhar uma única oferta, aquela que Deus aceitou inteiramente: "Jesus Cristo e este crucificado" (1Coríntios 2:2). Ninguém pode orgulhar-se desse sacrifício, embora todos possam partilhar dele. A obediência de Jesus e seu sacrifício são uma oferta melhor: "Jesus, o Mediador da nova aliança, e ao sangue da aspersão que fala coisas superiores ao que fala o próprio Abel" (Hebreus 12:24).

## MISSÃO

Finalmente, a igreja local como comunidade sapiencial equipa e envia os santos para exercerem seu sacerdócio universal. A apostolicidade é a face pública da Igreja. A sabedoria não é privada; ela serve justamente para que os cristãos sejam equipados com uma armadura moral, a fim de navegar na vida comum com outros membros da humanidade, atraindo, assim, outros para a escola de Jesus. Basicamente, esta é a ordem de Cristo na Grande Comissão: "Ide e fazei alunos [...] ensinando-os" (Mateus 28:19).

Os cristãos aprendizes da Sabedoria são profundamente missionais e encarnacionais. Eles não desintegram nem privatizam sua fé em Cristo; eles são afetados e movidos integralmente por ele. Suas vidas tornam-se como caixas de ressonância para que a vibração (a mensagem) do Evangelho seja claramente compreendida e discernida por aqueles que são alcançados por sua melodia: "Portai-vos com sabedoria para com os que são de fora; aproveitai as oportunidades" (Colossenses 4:5).

A missão cristã implica uma pregação pública, o convite da Sabedoria atraindo os transeuntes para aprender e encontrar um tesouro nela:

"Entendei, ó simples, a prudência; e vós, néscios, entendei a sabedoria. [...] Porque a minha boca proclamará a verdade" (Provérbios 8:5,7). Em um sentido sapiencial, a pregação do Evangelho é um convite para que os tolos encontrem a Sabedoria: "A rainha do Sul se levantará, no Juízo, com esta geração e a condenará; porque veio dos confins da terra para ouvir a sabedoria de Salomão. E eis aqui está quem é maior do que Salomão" (Mateus 12:42).

# CONSIDERAÇÕES FINAIS

Ao longo desta obra, foi possível apreciar os contornos teológicos da atividade intelectual cristã por uma perspectiva canônica, ou seja, considerando a autorrevelação de Deus nas Escrituras e a forma como ela é interpretada pela tradição cristã e evangélica.

A jornada teve início com o reconhecimento da pulsão religiosa inata do ser humano e de como ela demanda explicações e respostas. Na verdade, é essa pulsão que está por trás e energiza boa parte do empenho humano por conhecimento e progresso científico.

Abordou-se como o aparato cognitivo e epistemológico humano foi desenhado na estrutura biológica, pressupondo um mundo compatível com essas faculdades. A proposição encaixa-se no dado bíblico de que o próprio Deus criou o contexto adequado para se revelar e uma criatura em condições de conhecê-lo. Vimos que Deus se revelou, de forma geral, na estrutura da própria realidade, mas que se revela de maneira especial através de seus grandes atos salvadores, em particular na pessoa e na obra de Jesus Cristo, o Verbo e a Sabedoria Encarnada.

O cristianismo afirma uma verdade incômoda e desconcertante: Deus se revelou, pois não é possível acessá-lo ou conhecê-lo por mero empenho humano. Não há algoritmos, telescópios, sondas espaciais ou viagens interestelares que possam conduzir o ser humano até aquele que transcende o quintal do que a ciência estuda. Claro, o quintal é estonteante, enorme... agora imagine aquele que o criou... Melhor não imaginar!

O que de Deus é possível conhecer foi dado a conhecer. Mas o que o cristianismo vem afirmando é que Deus se revelou em seus próprios termos, em uma linguagem peculiar, o que não deveria ser uma surpresa. A peculiaridade da revelação de Deus aconteceu em um contexto cultural, temporal e linguístico que hoje soa estranho aos ouvidos ocidentais. Mas há formas de traduzir a mensagem sem perder de vista o conteúdo, um esforço presente entre os teólogos, filósofos e intelectuais cristãos há séculos.

Os temas canônicos são essenciais na orientação de um modo cristão de abordar fenômenos, cultura, sociedade e a própria natureza humana. O monoteísmo judaico-cristão é uma concepção teológica revolucionária que tem sérias implicações epistemológicas, uma vez que viabilizou a percepção de unidade na origem, nas leis e na finalidade das coisas criadas. As marcas dessa noção são tão profundas no Ocidente que seria impossível conceber as grandes conquistas da ciência sem esse senso de unidade, algo ausente nos contextos politeístas. Porém, graças à Trindade, somente no cristianismo a noção monoteísta de Deus assume características mais nuançadas, incluindo a importante integração entre unidade e diversidade.

A referência canônica da verdade cristã torna-se uma plataforma que exige interpretação, exegese, conhecimento de seus diferentes estilos literários e, claro, a iluminação do Espírito Santo, que opera em sua forma mais evidente no contexto da tradição e da comunidade cristã. Uma leitura panorâmica e contextualizada das Escrituras Sagradas oferece luz, discernimento, narrativa e sabedoria para que cristãos sejam frutíferos em um mundo ruidoso. Dessa abordagem panorâmica da revelação especial, caminha-se para uma tradição específica dentro das Escrituras: a sabedoria bíblica.

A sabedoria bíblica apresenta uma epistemologia pré-moderna, uma tradição que se relaciona com o conhecimento de maneira que sirva ao

## CONSIDERAÇÕES FINAIS

bem-viver. Nesse caso, um saber que está a serviço de uma vida devotada ao Criador, mas que reconhece sua graça na ordem das relações naturais, na produção cultural e na vida comunitária. A sabedoria se vale de recursos retóricos, poéticos e metafóricos, de modo a colocar a cognição e o coração a serviço de uma vida coerente com a ordem sábia de Deus. A sabedoria integra conhecimento teológico, cosmológico e comunitário, colocando-os a serviço de uma vida virtuosa.

Abordou-se a revelação singular de Jesus Cristo como a Sabedoria de Deus, considerando-se as raízes sapienciais da cristologia primitiva, a relação entre a vida e a obra de Cristo e os efeitos dessa percepção no discipulado cristão. O cristão conforma-se, ou melhor, é conformado a Cristo e à sua sabedoria pelo poder transformador e renovador do Espírito Santo.

Com base nos contornos de uma teologia, de uma cristologia e de uma eclesiologia da sabedoria, é possível inferir as dimensões formativas da tradição cristã como um todo, ou seja, a *teopedagogia* cristã. Esse neologismo combina a compreensão cristã de Deus, na qualidade de Sábio supremo, reconhecendo que sua sabedoria penetrou na história em Cristo, e que o próprio cristianismo possui, em suas raízes, uma cristologia da sabedoria.

Tal cristologia impulsionou a formação de uma comunidade formativa, a Igreja, que, em sua dinâmica comunitária e em suas práticas litúrgicas e catequéticas, promove a formação de uma vida virtuosa. Diferente do legalismo, que afirma os termos da lei de fora para dentro, a *teopedagogia* da Igreja cristã reconhece a ação do Espírito Santo em regenerar o coração. O mesmo Espírito opera pelos meios de graça administrados pela Igreja para que o cristão internalize a lei de Deus e seja conformado a Cristo (Sabedoria Encarnada). Nesse sentido, a Igreja cristã é uma comunidade epistêmica e sapiencial, o lugar no qual as pessoas são formadas em conformidade com a Sabedoria divina, que é o próprio Cristo.

Os cristãos concebem o ato de conhecer consonante sua própria tradição. O conhecimento é, antes de tudo, um desvelamento do próprio Deus. Apresenta-se como uma graça que é dada, e não conquistada. Todo empenho intelectual do cristão é uma espécie de culto, de reação doxológica, em que ele se maravilha e, portanto, obedece e serve. O ato de conhecer não é apenas verdadeiro; também é bom e belo. Por isso, não se desconecta de um viver integral, prudente e sábio. Nesse sentido, a epistemologia cristã assume traços litúrgicos e doxológicos.

Enfim, o desafio que é posto exige que o cristão revise sua própria existência à luz dos contornos teológicos de uma epistemologia cristã. Ele deve sempre ressignificar sua existência e suas práticas acadêmicas e profissionais à luz dessa sabedoria. O cristão deve buscar viver com sabedoria no serviço público, no laboratório, observando os astros, concentrado em cálculos matemáticos complexos, digitando linhas de programação, preparando uma aula de sociologia, desenhando um projeto arquitetônico, realizando uma pesquisa histórica ou observando as estruturas biológicas em um microscópio. Todas essas atividades se desenrolam na estrutura que Deus deu ao mundo, devendo também ser apreciadas e desenvolvidas com um profundo senso de mordomia e cuidado em relação à criação e ao próximo.

> Senhor meu Deus, quão impenetrável é a profundeza de teus segredos, e quão longe deles me levaram as consequências de meus pecados! Cura-me os olhos, para que possam gozar de tua luz. Se existisse realmente um espírito dotado de tão grandes ciência e presciência, a ponto de conhecer todo o passado e todo o futuro — como eu conheço um cântico conhecido de todos —, esse tal, sem dúvida, seria um ser maravilhoso e surpreendente.[12]

---

[12] AGOSTINHO, 2011, p. 362.

# REFERÊNCIAS

Agostinho. *Confissões*. São Paulo: Paulus, 2011.

_____. *A Trindade*. São Paulo: Paulus, 2008.

Bavinck, H. *A filosofia da revelação*. Brasília: Monergismo, 2019.

_____. *Dogmática reformada*: Deus e a criação. Vol. 2. São Paulo: Cultura Cristã, 2012.

Blenkinsopp, J. *Wisdom and Law in the Old Testament*: the Ordering of Life in Israel and Early Judaism. Oxford; New York: Oxford University Press, 1990.

Blomberg, D. *Wisdom and Curriculum*: Christian Schooling after Postmodernity. Iowa: Dort College Press, 2007.

Bonhoeffer, D. *Vida em comunhão*. São Leopoldo: Sinodal, 2009.

Brown, W. P. *Wisdom's Wonder*: Character, Creation and Crisis in the Bible's Wisdom Literature. Grand Rapids: Eerdmans, 2014.

Brown, W. S. (org.). *Understanding Wisdom*: Sources, Science & Society. Philadelphia: Templeton Foundation Press, 2000.

Buber, M. *Do diálogo e do dialógico*. São Paulo: Perspectiva, 2007.

_____. *Eu e tu*. São Paulo: Centauro, 2006.

_____. *Sobre comunidade*. São Paulo: Perspectiva, 2008.

Cahill, T. *A dádiva dos judeus*. Rio de Janeiro: Record, 1999.

Calvino, João. *Salmos*. Vol. 4. São José dos Campos: Fiel, 2009.

Clouser, R. *The Myth of Religious Neutrality*: an Essay on the Role of Religious Belief in Theories. Notre Dame: University of Notre Dame Press, 2005.

Clements, R. E. "The Sources of Wisdom". In: Brown, W. S. (org.). *Understanding Wisdom*: Sources, Science, and Society. Philadelphia: Templeton Foundation Press, 2000, p. 15-34.

_____. *Wisdom in Theology*. Exeter: Paternoster; Grand Rapids: Eerdmans, 1992.

CRENSHAW, J. L. *Education in Ancient Israel*: across the Deadening Silence. New York: Doubleday, 1998.

_____. *Old Testament Wisdom*: an Introduction. Atlanta: John Knox, 1981.

DELL, K. J. *The Book of Proverbs in Social and Theological Context*. Cambridge: Cambridge University Press, 2006.

DOOYEWEERD, H. *A New Critique of Theoretical Thought*. Vol. 1. Ontário: Paideia, 1984a.

_____. *A New Critique of Theoretical Thought*. Vol. 2. Ontario: Paideia, 1984b.

_____. *No crepúsculo do pensamento*: estudos sobre a pretensa autonomia do pensamento filosófico. São Paulo: Hagnos, 2010.

DUNN, J. D. G. *Christology in the Making*: A New Testament Inquiry into the Origins of the Doctrine of the Incarnation. London: SCM, 2003.

EBERT, D. J. *Wisdom Christology*: How Jesus becomes God's Wisdom for us. Phillipsburg: P&R, 2011.

FEUERSTEIN, R. *Além da inteligência*: aprendizagem mediada e a capacidade de mudança do cérebro. Petrópolis: Vozes, 2014.

_____. *Biblical and Talmudic Antecedents of Mediated Learning Experience Theory*: Educational and Didactic Implications for Inter-generational Cultural Transmission. Jerusalém: International Center for the Enhancement of Learning Potential. Jersualém: Feuerstein Publishing House, 2003.

_____; FEUERSTEIN, R. S.; FALIK, L. H. *Beyond Smarter*: Mediated Learning and the Brain's Capacity for Change. New York: Teachers College Press, 2010.

GÆBELEIN, F. *The Expositor's Bible Commentary*: Psalms, Proverbs, Ecclesiastes, Song of Songs. Vol. 5. Grand Rapids: Zondervan, 1991.

GESENIUS, W. *Gesenius' Hebrew and Chaldee Lexicon to The Old Testament Scriptures*. Grand Rapids: Baker Book House, 1993.

GOHEEN, M. W.; BARTHOLOMEW, C. G. *Introdução à cosmovisão cristã*: vivendo na interseção entre a visão bíblica e a contemporânea. São Paulo: Vida Nova, 2016.

GOMES, C. M. A. *Feuerstein e a construção mediada do conhecimento*. Porto Alegre: Artmed, 2002.

## REFERÊNCIAS

HARRIS, R. L.; ARCHER, G. L.; WALTKE, B. K. *Dicionário internacional de teologia do Antigo Testamento*. São Paulo: Vida Nova, 1998.

HENGEL, M. *Studies in Early Christology*. London; New York: T&T Clark International, 2004.

HUNTER, J. D. *To Change the World*: the Irony, Tragedy and Possibility of Christianity in the Late Modern World. New York: Oxford Univeristy Press, 2010.

HOUSE, P. R. *Teologia do Antigo Testamento*. São Paulo: Vida Nova, 2009.

KALSBEEK, L. *Contornos da filosofia cristã*. São Paulo: Cultura Cristã, 2015.

KAUFMANN, Y. *The Religion of Israel*: From its Beginnings to the Babylonian Exile. London: George Allen & Unwin, 1961.

KELLER, T. *Ministries of Mercy*: the Call of the Jericho Road. São Paulo: Vida Nova, 1997.

KUHN, T. S. *A estrutura das revoluções científicas*. São Paulo: Perspectiva, 1997.

_____. *Ministérios de misericórdia:* o chamado para a estrada de Jericó. São Paulo: Vida Nova, 2016.

KUYPER, A. *Calvinismo*. São Paulo: Cultura Cristã, 2002.

_____. *Wisdom & Wonder*. Grand Rapids: Christian's Library Press, 2017.

LEWIS, C. S. *Cristianismo puro e simples*. Rio de Janeiro, Thomas Nelson Brasil, 2017.

_____. *O peso da glória*. Rio de Janeiro: Thomas Nelson Brasil, 2017.

_____. *The Problem of Pain*. San Francisco: HarperSanFrancisco, 2001.

LINDBECK, G. A. *The Nature of Doctrine: Religion and Theology in a Postliberal Age*. Philadelphia: Westminster, 1984.

MADUREIRA, J. *A inteligência humilhada*. São Paulo: Vida Nova, 2017.

MASLOW, A. H. *A Theory of Human Motivation*. Hawthorne: BN Publishing, 2015.

MCGRATH, A. *A ciência de Deus*: uma introdução à teologia científica. Viçosa: Ultimato, 2016.

_____. *O ajuste fino do universo*: em busca de Deus na ciência e na teologia. Viçosa: Ultimato, 2009.

_____. *Teologia natural*: uma abordagem. São Paulo: Vida Nova, 2019.

_____. *Teologia sistemática, histórica e filosófica*: uma introdução à teologia cristã. São Paulo: Shedd, 2007.

_____. "In What Way Can Jesus Be A Moral Example For Christians?", *Journal of the Evangelical Theological Society*, v. 34, n. 3, 1991.

_____. *Paixão pela verdade*: a coerência intelectual do evangelicalismo. São Paulo: Shedd, 2007.

McINTIRE, C. T. (org.). *The Legacy of Herman Dooyeweerd*: Reflections on Critical Philosophy in the Christian Tradition. Lanham: University Press of America, 1985.

MACINTYRE, A. C. *After Virtue*: a Study in Moral Theory. 3. ed. Notre Dame: University of Notre Dame Press, 2007.

_____. *Whose Justice? Which Rationality?* Notre Dame: University of Notre Dame Press, 1988.

MIGUEL, I. da S. *Mischlei e mediação educacional*: uma análise pedagógica de Provérbios de Salomão. São Paulo: Universidade de São Paulo, 5 jun. 2013.

MORGAN, D. *The Making of Sages*: Biblical Wisdom and Contemporary Culture. Harrisburg: Trinity Press International, 2002.

PASCAL, Blaise. *Pensées and Other Writings*. Oxford: Oxford Univeristy Press, 1995.

MURPHY, R. E. *The Tree of Life*: an Exploration of Biblical Wisdom Literature. 2. ed. Grand Rapids: Eerdmans, 1996.

PERDUE, L. G. *Wisdom & Creation*: The Theology of Wisdom Literature. Nashville: Abingdon, 1994.

RICŒUR, P. *The Rule of Metaphor*: The Creation of Meaning in Language. London; New York: Routledge, 2003.

ROOKMAAKER, H. *A arte não precisa de justificativa*. Viçosa: Ultimato, 2010.

SCOTT, R. *The Way of Wisdom in the Old Testament*. New York: Macmillan, 1971.

SMITH, J. K. A. *Desejando o reino*: culto, cosmovisão e formação cultural. São Paulo: Vida Nova, 2018.

_____. *Você é aquilo que ama*: o poder espiritual do hábito. São Paulo: Vida Nova, 2017.

_____. *Aguardando o Rei*: reformando a teologia pública. São Paulo: Vida Nova, 2020.

SMITH, Ralph A. *The Eternal Covenant*: How the Trinity Reshapes Covenant Theology. Moscow, ID: Canon, 2003.

# REFERÊNCIAS

TAYLOR, C. *Modern Social Imaginaries*. Durham: Duke University Press, 2004.

_____. *Philosophy and the Human Sciences*. Cambridge; New York: Cambridge University Press, 1985.

TILFORD, N. L. *Sensing World, Sensing Wisdom*: the Cognitive Foundation of Biblical Metaphors. Atlanta: SBL, 2017.

TOOHEY, P. *Epic Lessons*: an Introduction to Ancient Didactic Poetry. London: Routledge; Taylor Francis, 1996.

TORRANCE, T. F. *Reality and Scientific Theology*. Edinburgh: Scottish Academic Press, 1985.

TREIER, D. J. *Virtue and the Voice of God*: Toward Theology as Wisdom. Grand Rapids: Eerdmans, 2006.

VANHOOZER, K. *Biblical Narrative in the Philosophy of Paul Ricouer*: a Study in Hermeneutics and Theology. Cambridge: Cambridge University Press, 1990.

_____. *The Drama of Doctrine*: a Canonical Linguistic Approach to Christian Theology. Louisville: WJK, 2005.

Von RAD, G. *Wisdom in Israel*. Nashville: Abingdon, 1972.

VYGOTSKY, L. S. *A formação social da mente*: o desenvolvimento dos processos psicológicos superiores. São Paulo: Martins Fontes, 2008.

WALTON, J. *O mundo perdido de Adão e Eva*. Viçosa: Ultimato, 2015.

WEBER, M. *A ética protestante e o espírito do capitalismo*. 8. ed. São Paulo: Pioneira, 1994.

WENGER, E. *Communities of Practice*: Learning, Meaning, and Identity. Cambridge: Cambridge Univ. Press, 2008.

WESTERMANN, C. *Os fundamentos da teologia do Antigo Testamento*. Santo André; São Paulo: Academia Cristã, 2011.

WITHERINGTON, B. *Jesus the Sage*: the Pilgrimage of Wisdom. Minneapolis: Fortress Press, 2000.

WOOD, J. "Is That All There Is?" Disponível em: <www.newyorker.com/magazine/2011/08/15/is-that-all-there-is>. Acesso em: 6 jul. 2020.

WRIGHT, N. *Surpreendido pela esperança*. Viçosa: Ultimato, 2009.

_____. *Eu creio e agora? Por que o caráter cristão é importante*. Viçosa: Ultimato, 2012.

_____. *Como Deus se tornou rei*. Rio de Janeiro: Thomas Nelson Brasil, 2019.

Este livro foi impresso pela Santa Marta, em 2021, para a Thomas Nelson Brasil. A fonte do miolo é Adobe Caslon Pro. O papel do miolo é pólen soft 70g/m2, e o da capa é cartão 250g/m2.